GW01086624

l
de

Jean-Joseph Julaud

FIRST
Editions

© Éditions First, un département d'Édi8, 2010

ISBN : 978-2-7540-1595-0
Dépôt légal : 1er trimestre 2010

Édition : Marie-Anne Jost-Kotik
Correction : Émeline Guibert
Conception graphique : Georges Brevière
Conception couverture : Olivier Frenot
Charte de couverture : Joséphine Cormier

Imprimé en Italie

Éditions First
12, avenue d'Italie, 75013 Paris
Tél : 01 44 16 09 00
Fax : 01 44 16 09 01
e-mail : firstinfo@efirst.com
www.editionsfirst.fr

Introduction

ES LOUPS, des lions, des chèvres et des renards, des alouettes ou des aigles, des chiens, des cerfs, une gazelle, des demoiselles et des femmes, des fous, des sages, des ours et des hommes, des coqs, la fortune, des amis et des singes, des vieillards et des vieux chats, une laitière, un laboureur, des lièvres, des tortues, un oiseau blessé, la mort et des médecins, des grenouilles, des corbeaux, un écolier, des pigeons, un éléphant, un meunier, une forêt, deux aventuriers, un cierge et une fourmi, une hirondelle, Philomèle…

Bref, le tout-venant des jours ordinaires pour tout passant, tout voyageur des grandes villes ou des grands bois, pour tout conteur des temps anciens, des temps présents, tout chroniqueur des caprices et des erreurs des uns pour l'enseignement des autres, et des enfants de leurs enfants…

Oui mais… D'où vient que Jean de La Fontaine demeure pour toujours, bien loin devant ses pairs, maître des loups et des agneaux, de la mer et de la vigne, des moineaux, des troupeaux, des perroquets et des aigles, des chiens, des gazelles, des demoiselles… ?

D'où vient que plus jamais on n'associe sans penser à lui le corbeau et le renard, le chêne et le roseau, la cigale et la fourmi, et la morale qui s'ensuit ? C'est que le bonhomme Jean, dans sa besace, possédait tous les secrets d'un autre personnage, discret, et qui, chez lui, gouverne tout : la langue française. D'elle il a tout aimé : sa rigueur et sa fantaisie, ses exigences et sa douceur, son chant léger, son harmonie, ses règles austères, son mystère.

Nul mieux que lui ne l'a servie.

C'est pourquoi, hier comme aujourd'hui, La Fontaine est présent, et pour cent ans encore ; et si nous sommes dignes de lui, pour mille et mille aussi…

Allons, Bonhomme Jean, emmène-nous dans les contrées de ta pensée ! Quand nous aurons tout lu et tout appris, peut-être enfin comprendrons-nous la fable de nos vies.

Jean-Joseph Julaud

Des fables qui coulent de source…

La Fontaine publie les six premiers livres de ses *Fables* en 1668. Elles sont dédiées à Monseigneur le Dauphin, fils aîné de Louis XIV.

Dix ans plus tard paraissent cinq autres livres qui ont pour dédicataire Françoise Athénaïs de Rochechouart de Mortemart – en plus court : Madame de Montespan – la belle marquise maîtresse du roi.

Le dernier livre des *Fables*, le livre XII, paraît en 1693 avec une dédicace à Monseigneur le duc de Bourgogne, Louis, petit-fils de Louis XIV, né en 1682.

Les fables que vous allez lire sont extraites de ces douze livres écrits en vingt-cinq ans, à Paris, et non dans quelque forêt inspiratrice où le poète aurait batifolé en quête d'idées.

Car les sources d'inspiration de La Fontaine sont nées de ses lectures et non de quelque terrier qu'il aurait observé ou de quelque renard, quelque loup qui auraient pu s'aventurer dans le Jardin du Luxembourg qu'il fréquentait assidûment – quoique leurs métaphores les fréquentassent alors, et les fréquentent encore, en même temps que celles de coqs ou corbeaux, d'ânes, de poules, de jeunes souris ou de vieux lions…

Les histoires que La Fontaine nous raconte, et leur

morale, ont déjà été imaginées et formulées par des fabulistes grecs, romains, indiens, par ses contemporains ou par la sagesse populaire à travers des contes nés au fil des âges.

Les inspirateurs

Qui sont-ils, ces fabulistes ou poètes inspirateurs de La Fontaine ?

- Le plus ancien serait un esclave marqué dans son corps par toutes les disgrâces de la nature : il était bossu, bègue, vivait en Grèce aux VIIe et VIe siècles av. J.-C., il s'appelait **Ésope**. C'est lui qui aurait inventé le genre de l'apologue – la fable – courte histoire destinée à illustrer et à enseigner une morale.
- On trouve ensuite **Lucrèce** (98 – 54 av. J.-C.), Ovide (43 av. J.-C., 17 apr. J.-C.), Horace (65 – 8 av. J.-C.), poètes latins.
- **Phèdre** (15 av. J.-C., 50 apr. J.-C.), fabuliste latin, qui s'inspire d'Ésope pour composer ses fables.
- **Pilpay**, ou **Bidpay**, brahmane indien légendaire qui aurait vécu vers le IIIe ou le IVe siècle. Il écrit des fables en sanskrit reprises dans un livre de

contes moraux traduits en persan puis en français au XVIIe siècle. Sans doute s'est-il inspiré de certaines histoires inscrites dans la tradition orientale et qui auraient été écrites vers 900 av. J.-C. par un autre auteur légendaire : **Lockman**.

• **Faërne**, poète latin du XVIe siècle, qui écrit à la demande du pape Pie IV, Jean Ange de Medicis, un recueil d'une centaine de fables imitées d'Ésope.

• **Abstemius**, humaniste italien du XVe siècle qui publie à Venise en 1495 cent fables latines.

• **Verdizotti** (1530 – 1607), appelé prince des fabulistes par les Italiens, Vénitien auteur d'un recueil de cent fables.

• Enfin, les Français **Clément Marot** (1497 – 1544), **Bonaventure des Périers** (1498 – 1544), **Jean Commire** (1625 – 1702), **Boileau** (1636 – 1711) qui fournissent certains sujets des narrations qui suivent.

Fort de cette innutrition, Jean de La Fontaine convoque à sa table les animaux et les hommes qu'il a croisés au fil des pages lues.

Il leur donne pour aire d'exercice l'alexandrin, l'octosyllabe ou d'autres mètres qu'il fait alterner, qu'il mélange astucieusement de sorte que la lecture devient une promenade où l'esprit s'aère, se laisse bercer, convaincre et charmer, tout à la fois, pendant que la pensée ravie s'étonne d'avoir accédé à l'universel en si peu de temps, si peu de mots.

La Fontaine : de Chaury à Paris

Le 8 juillet 1621, en l'église Saint-Crépin de Chaury (ancien nom de Château-Thierry), est baptisé le petit Jean de La Fontaine, si fragile qu'on craint qu'il ne vive que quelques jours…

Après ses années de collège à Château-Thierry, il s'installe à Paris en 1642 pour y faire des études de droit. Mais c'est la littérature qui l'intéresse. Il fréquente une petite académie d'hommes de lettres, écrit des vers qui ravissent son père et son ami François de Maucroix.

Le 10 novembre 1647, à La Ferté-Milon, Jean de La Fontaine, 26 ans, épouse Marie Héricart, 14 ans, cousine de Jean Racine (1639 – 1699).

Cinq ans plus tard, il est reçu maître des Eaux et Forêts du duché de Château-Thierry. En 1653, naît le fils des époux La Fontaine. François de Maucroix, devenu chanoine après un désespoir d'amour, en est le parrain ; c'est lui qui élèvera l'enfant.

Le ménage, chaotique, se sépare en 1659. La Fontaine est alors devenu un proche du surintendant des Finances, Nicolas Fouquet, que Louis XIV fait arrêter sur les conseils de Colbert – Fouquet et Colbert avaient été rivaux dans le cadre de spéculations financières pour le cardinal Mazarin…

La Fontaine demeure fidèle à Fouquet, ce qui l'éloigne des faveurs du roi et de la fréquentation de la cour.

Après avoir publié des contes plutôt lestes et gaillards, il conduit pendant vingt-cinq ans, à partir de 1668, sa carrière de conteur et de fabuliste lent, distrait, méticuleux, exigeant, inimitable.

Plutôt cigale et peu soucieux de ses affaires, il a dilapidé presque tout son bien en 1672. Il trouve alors en la personne de Madame de la Sablière une fourmi prêteuse, généreuse et compréhensive qui l'hébergera, prendra soin de lui pendant plus de vingt ans.

Le 15 novembre 1683, il est élu à l'Académie française, mais Louis XIV suspend l'élection à cause des cabales et du tumulte qui l'ont accompagnée. Le 17 avril 1684, Nicolas Boileau devient à son tour immortel. Le roi valide l'élection de La Fontaine, ami de Boileau.

Le 10 février 1695, La Fontaine est pris d'un malaise en revenant de l'Académie. Le 13 avril, il meurt chez les d'Hervart qui l'hébergeaient, rue Plâtrière à Paris.

La Fontaine vu par...

« Nos beaux esprits ont beau se trémousser, le Bonhomme ira plus loin que nous. »

Molière (1622 – 1673)

« Faites-vous envoyer promptement les fables de La Fontaine, elles sont divines. »

Madame de Sévigné (1626 – 1696)

« La Fontaine fait parler les animaux, les arbres, les pierres, tout ce qui ne parle point : ce n'est que légèreté, qu'élégance, que beau naturel et que délicatesse dans ses ouvrages. »

Jean de La Bruyère (1645 – 1696)

« Non seulement il a inventé le genre de poésie où il s'est appliqué, mais il l'a porté à sa dernière perfection. »

Charles Perrault (1628 – 1703)

« C'est un homme unique dans les excellents morceaux qu'il nous a laissés. »

Voltaire (1694 – 1778)

« Le style de La Fontaine est peut-être ce que l'histoire littéraire de tous les siècles offre de plus étonnant. »

Nicolas de Chamfort (1740 – 1794)

« C'est La Fontaine qui est notre Homère… Il nous a donné notre œuvre poétique la plus nationale, la plus achevée et la plus originale. »

Hyppolyte Taine (1828 – 1893)

« Il y a bien quelque chose de pantagruélique dans l'art de La Fontaine, le plus érudit de notre langue ; mais ce qui se voyait chez Rabelais, ce qui était voyant chez Ronsard, s'évapore chez lui en une essence volatile et lumineuse. »

Marc Fumaroli, né en 1932.

« L'utile se marie ici à l'agréable, se métamorphose même en forme d'agrément conscient et accepté. »

Patrick Dandrey, né en 1950.

Sommaire

LIVRE I

La Cigale et la Fourmi   17

Le Corbeau et le Renard   19

La Grenouille qui se veut
faire aussi grosse
que le Bœuf   21

Le Loup et le Chien   23

Le Rat de ville et
le Rat des champs   26

Le Loup et l'Agneau   28

La Mort et le Bûcheron   30

Le Renard et la Cigogne   32

Le Chêne et le Roseau   34

LIVRE II

Conseil tenu par les Rats   37

Le Lion et le Moucheron   40

L'Âne chargé d'éponges
et l'Âne chargé de sel   43

Le Lion et le Rat   46

La Colombe et la Fourmi   48

La Chatte métamorphosée
en Femme   50

Le Coq et le Renard   52

LIVRE III

Les Grenouilles qui
demandent un Roi   55

Le Renard et le Bouc   57

Le Renard et les Raisins   59

La Belette entrée dans
un Grenier   60

LIVRE IV

Le Lion amoureux   63

Le Singe et le Dauphin   66

Le Geai paré des plumes
du Paon   69

Le Renard et le Buste   70

Le Loup, la Chèvre et
le Chevreau   71

Parole de Socrate   73

LIVRE V

Le Pot de terre et le Pot de fer   75

Le petit Poisson et le Pêcheur   77

Le Laboureur et ses Enfants   79

La Montagne qui accouche   80

La Poule aux œufs d'or   81

L'Âne portant des reliques   82

L'Ours et les deux
  Compagnons   83

LIVRE VI
Phébus et Borée   87
Le Cochet, le Chat
  et le Souriceau   90
Le Cerf se voyant dans l'eau 93
Le Lièvre et la Tortue   95
Le Villageois et le Serpent 98
Le Chartier embourbé   100

LIVRE VII
Les Animaux malades
  de la peste   103
Le Héron   107
Le Coche et la Mouche   109
La Laitière et le Pot au lait 111
Les deux Coqs   114
Le Chat, la Belette et
  le petit Lapin   116

LIVRE VIII
Le Savetier et le Financier 119
Les Femmes et le secret   122

Les Deux Amis   124

LIVRE IX
Les deux Pigeons   127
Le Statuaire et la Statue
  de Jupiter   132
L'Huître et les Plaideurs   135
Le Milan et le Rossignol   137

LIVRE X
La Tortue et les deux Canards 139
Le Loup et les Bergers   141
La Perdrix et les Coqs   144

LIVRE XI
Le Songe d'un habitant
  du Mogol   147
Le Vieillard et les trois
  jeunes Hommes   150

LIVRE XII
Le vieux Chat et
  la jeune Souris   153
Le Cerf malade   155
L'Amour et la Folie   157

Dédicace (1668)

À Monseigneur le Dauphin[1]

Je chante les héros dont Ésope[2] est le père,
Troupe de qui l'histoire, encor que mensongère,
Contient des vérités qui servent de leçons.
Tout parle en mon ouvrage, et même les poissons :
Ce qu'ils disent s'adresse à tous tant que nous sommes.
Je me sers d'animaux pour instruire les hommes.
Illustre rejeton[3] d'un prince aimé des Cieux[4],
Sur qui le monde entier a maintenant les yeux,
Et qui, faisant fléchir les plus superbes têtes,
Comptera désormais ses jours par ses conquêtes,
Quelque autre te dira d'une plus forte voix
Les faits de tes aïeux et les vertus des rois.
Je vais t'entretenir de moindres aventures,
Te tracer en ces vers de légères peintures.
Et, si de t'agréer je n'emporte le prix[5],
J'aurai du moins l'honneur de l'avoir entrepris.

Jean de La Fontaine

---

1 – Fils aîné de Louis XIV et de Marie-Thérèse d'Autriche, le Dauphin
– futur roi – Louis de France sera plus tard appelé le Grand Dauphin.
Né en 1661 à Fontainebleau, mort à Meudon en 1711, il ne régnera
jamais, son père demeurant sur le trône jusqu'à sa mort le 1er sep-
tembre 1715. Le Dauphin a sept ans lorsque La Fontaine lui dédicace

les six premiers livres de ses fables en 1668.

2 – Ésope (VIIe et VIe siècles av. J.-C.), fabuliste grec, est le « père », l'inventeur des histoires que La Fontaine raconte dans ses fables.

3 – À l'époque de La Fontaine, le mot « rejeton » désigne l'enfant, le descendant d'une famille noble. Aujourd'hui, on l'emploie dans un sens familier.

4 – Louis XIV est ce prince aimé des cieux.

5 – et si je ne gagne pas la récompense, celle de vous plaire.

Anecdote

Le jeudi 14 avril 1695, La Fontaine, décédé la veille, est inhumé dans le cimetière des Saints-Innocents qui dépend de la paroisse Saint-Eustache à Paris. Des années plus tard, l'Abbé d'Olivet écrit que le fabuliste fut enterré dans le cimetière Saint-Joseph qui dépendait aussi de la paroisse Saint-Eustache. En 1792, les révolutionnaires, se fiant aux écrits de l'Abbé d'Olivet exhumèrent, au cimetière Saint-Joseph, des ossements qu'ils prirent pour ceux de La Fontaine. Transférés en 1817 au cimetière du Père Lachaise, ils s'y trouvent encore aujourd'hui, dans le sarcophage du fabuliste. Certains biographes pensent que ces ossements sont vraiment ceux de La Fontaine, sa dépouille ayant pu être transférée peu de temps après sa mort, du cimetière des Saints-Innocents au cimetière Saint-Joseph. Faute de certitudes, le mystère demeure…

La Cigale et la Fourmi

La Cigale, ayant chanté
   Tout l'été,
Se trouva fort dépourvue
Quand la bise fut venue[1].
Pas un seul petit morceau
De mouche ou de vermisseau
Elle alla crier famine
Chez la Fourmi sa voisine,
La priant de lui prêter
Quelque grain pour subsister[2]
Jusqu'à la saison nouvelle.
« Je vous paierai, lui dit-elle,
Avant l'oût[3], foi d'animal,
Intérêt et principal[4]. »
La Fourmi n'est pas prêteuse ;
C'est là son moindre défaut[5].
« Que faisiez-vous au temps chaud[6] ?
Dit-elle à cette emprunteuse.
— Nuit et jour à tout venant[7]
Je chantais, ne vous déplaise[8].
— Vous chantiez ? j'en suis fort aise.
Eh bien dansez maintenant[9]. »

1 – La cigale se trouva presque sans ressources quand le vent du nord se mit à souffler à la saison froide.

2 – pour subsister : pour survivre.

3 – avant la saison des moissons, le mois d'août en général – orthographié aussi « oust » à l'époque.

4 – L'intérêt est la rémunération payée en sus à celui à qui on emprunte de l'argent. Le « principal » est le capital, la somme empruntée.

5 – Il s'agit ici d'une remarque ironique ; l'une des formes de l'ironie consiste à dire le contraire de ce qu'on veut faire comprendre. Ne pas savoir prêter est le plus gros défaut de la fourmi…

6 – Que faisiez-vous cet été ?

7 – À n'importe quelle occasion, n'importe où, n'importe quand, pour n'importe qui ou n'importe quoi.

8 – Même si cela ne vous plaît pas.

9 – Non seulement la fourmi refuse d'aider la cigale, mais elle s'en moque cruellement en l'envoyant dans la froidure pratiquer une activité associée au chant : la danse, qui la réchauffera peut-être, à défaut de la nourrir…

Origine : Ésope

Le Corbeau et le Renard

Maître Corbeau[1], sur un arbre perché[2],
     Tenait en son bec un fromage.
Maître Renard par l'odeur alléché[3],
     Lui tint à peu près ce langage :
« Et bonjour, Monsieur du Corbeau[4].
Que vous êtes joli ! que vous me semblez beau !
     Sans mentir, si votre ramage[5]
     Se rapporte à votre plumage,
Vous êtes le Phénix[6] des hôtes de ces bois[7]. »
À ces mots, le Corbeau ne se sent pas de joie[8] ;
     Et pour montrer sa belle voix,
Il ouvre un large bec, laisse tomber sa proie[9].
Le Renard s'en saisit, et dit : « Mon bon Monsieur[10],
     Apprenez que tout flatteur
Vit aux dépens de celui qui l'écoute[11].
Cette leçon vaut bien un fromage, sans doute. »
     Le Corbeau honteux et confus
Jura, mais un peu tard, qu'on ne l'y prendrait plus.

---

1 – Le terme « maître » permet d'imaginer que le personnage représenté par le corbeau se situe au-dessus de la moyenne sur le plan social et financier. Et sur le plan intellectuel ? Nous allons être renseignés…

2 – L'inversion de l'ordre habituel des mots est courante en poésie. Il faut comprendre : Maître Corbeau perché sur un arbre…

3 – Inversion ici aussi. Il faut comprendre : Maître Renard alléché par l'odeur, c'est-à-dire, attiré, mis en appétit par l'odeur du fromage.

4 – Le renard flatte le corbeau en lui donnant un titre de noblesse : Monsieur du…

5 – Si votre chant…

6 – Dans la mythologie égyptienne, le phénix est un oiseau fabuleux qui peut renaître de ses cendres. Son plumage est magnifique. Quand on sait que le plumage du corbeau est d'un noir calciné, on mesure l'ironie jubilatoire du renard…

7 – des hôtes de ces bois : de ceux qui y vivent.

8 – Le corbeau, flatté, est transporté de bonheur.

9 – sa proie : son fromage.

10 – Ce « Mon bon Monsieur » se situe entre la pitié et le mépris. Il annonce une morale cinglante.

11 – Celui qui flatte peut obtenir ce qu'il veut de celui qui est flatté – et sot à la fois…

Origine : *Ésope*

La Grenouille qui se veut faire[1] aussi grosse que le Bœuf

Une Grenouille vit un Bœuf
    Qui lui sembla de belle taille.
Elle, qui n'était pas grosse en tout comme un œuf,
Envieuse, s'étend, et s'enfle et se travaille[2]
Pour égaler l'animal en grosseur,
Disant : « Regardez bien, ma sœur ;
Est-ce assez ? dites-moi, n'y suis-je point encore ?
– Nenni[3]. – M'y voici donc ? – Point du tout. – M'y
voilà ?
– Vous n'en approchez point. » La chétive pécore[4]
    S'enfla si bien qu'elle creva.
Le monde est plein de gens qui ne sont pas plus sages :
Tout bourgeois veut bâtir comme les grands seigneurs,
Tout prince a des ambassadeurs,
Tout marquis veut avoir des pages[5].

---

1 – En français classique, le pronom complément se met avant les deux verbes. On dirait aujourd'hui : « qui veut se faire ».
2 – La grenouille se fait souffrir pour atteindre le profil qu'elle juge idéal…
3 – « Nenni » – non – est une déformation du nenil de la langue d'oïl, parlée dans la partie nord de la France ; oïl signifiait « oui ».
4 – Au sens propre, une pécore était une brebis. Au sens figuré, la pécore désignait – et désigne encore… – une femme sotte et prétentieuse. Chétive signifie maigre et fragile.

5 – Pour s'élever au-dessus de leur condition, pour « s'enfler », les petits princes veulent des ambassadeurs, nécessaires seulement aux grands princes et aux rois ; et les marquis vaniteux valorisent leur image en employant des pages, jeunes gens qui habituellement servent les rois ou les grands seigneurs. Et aujourd'hui…

Origine : Phèdre

Anecdote

L'Abbé d'Olivet décrit ainsi La Fontaine qu'on appelle alors, familièrement « le bonhomme » : « Un sourire niais, un air lourd, des yeux presque toujours éteints, nulle contenance. Rarement il commençait la conversation et même il était si distrait qu'il ne savait pas ce que disaient les autres ».

Le Loup et le Chien

Un Loup n'avait que les os et la peau,
Tant les chiens faisaient bonne garde.
Ce Loup rencontre un Dogue[1] aussi puissant que beau,
Gras, poli[2], qui s'était fourvoyé par mégarde[3].
L'attaquer, le mettre en quartiers.
Sire Loup l'eût fait volontiers[4].
Mais il fallait livrer bataille,
Et le mâtin[5] était de taille
À se défendre hardiment.
Le Loup donc l'aborde humblement,
Entre en propos[6], et lui fait compliment
Sur son embonpoint, qu'il admire.
« Il ne tiendra qu'à vous, beau sire,
D'être aussi gras que moi, lui repartit le Chien.
Quittez les bois, vous ferez bien :
Vos pareils y sont misérables,
Cancres[7], hères[8], et pauvres diables,
Dont la condition est de mourir de faim.
Car quoi ? rien d'assuré : point de franche lippée[9] ;
Tout à la pointe de l'épée.
Suivez-moi : vous aurez un bien meilleur destin. »
Le Loup reprit : « Que me faudra-t-il faire ?
— Presque rien, dit le Chien, donner la chasse aux gens

Portants bâtons et mendiants[10] ;
Flatter ceux du logis, à son maître complaire[11] :
Moyennant quoi votre salaire
Sera force reliefs[12] de toutes les façons :
Os de poulets, os de pigeons,
Sans parler de mainte caresse. »
Le Loup déjà se forge une félicité[13]
Qui le fait pleurer de tendresse.
Chemin faisant, il vit le col du Chien pelé.
« Qu'est-ce là ? lui dit-il. – Rien. – Quoi ? rien ?
– Peu de chose.
– Mais encor ? – Le collier dont je suis attaché
De ce que vous voyez est peut-être la cause.
– Attaché ? dit le Loup : vous ne courez donc pas
Où vous voulez ? – Pas toujours, mais qu'importe ?
– Il importe si bien, que de tous vos repas
Je ne veux en aucune sorte,
Et ne voudrais pas même à ce prix un trésor. »
Cela dit, maître Loup s'enfuit, et court encor[14].

---

1 – Le mot « dogue » qui désigne un chien à grosse tête et au museau
aplati fut emprunté à l'anglais dog au XIVᵉ siècle.
2 – Au poil lisse, brillant, ce chien est en bonne santé.
3 – qui s'était égaré par erreur.
4 – Sire Loup l'aurait fait volontiers.
5 – Le gros chien, massif et impressionnant.

6 – Le loup entre en conversation avec le chien.

7 – «cancre» vient d'un mot latin cancer désignant le crabe. Par analogie à la démarche laborieuse du crabe, La Fontaine appelle «cancres» les vagabonds, les pauvres diables qui, sans forces, peinent à se déplacer.

8 – Un pauvre hère est un individu démuni, d'apparence misérable, et qui ressemble à un pèlerin qui s'inflige le port de la haire, chemise en crin, portée à même la peau, afin de souffrir pour se faire pardonner ses fautes. «Hère» serait issu de «haire».

9 – «Lippée» vient du mot latin labia : lèvre. La lippée est la quantité de nourriture qu'on peut saisir avec ses lèvres, et par extension un bon repas, et, dans le cas d'une franche lippée, ce bon repas est gratuit.

10 – La Fontaine qui écrit cette fable dans les années 1660, accorde les deux verbes au participe présent «portants» et «mendiants» avec «gens». Ce n'est qu'en 1678 que l'invariabilité du participe présent est décidée.

11 – plaire à son maître.

12 – force reliefs : beaucoup de restes de repas, de restes en tout genre.

13 – Le loup s'imagine un bonheur possible.

14 – Les règles d'écriture de la poésie classique permettent d'écrire – en poésie seulement… – soit «encor», soit «encore», selon les besoins de la versification – rime ou nombre de syllabes.

Origine : Ésope

Le Rat de ville et le Rat des champs

Autrefois le Rat de ville
Invita le Rat des champs,
D'une façon fort civile[1],
À des reliefs[2] d'ortolans[3].

Sur un tapis de Turquie
Le couvert se trouva mis.
Je laisse à penser la vie
Que firent ces deux amis[4].

Le régal fut fort honnête,
Rien ne manquait au festin ;
Mais quelqu'un troubla la fête
Pendant qu'ils étaient en train[5].

À la porte de la salle
Ils entendirent du bruit :
Le Rat de ville détale ;
Son camarade le suit.

Le bruit cesse, on se retire :
Rats en campagne[6] aussitôt ;

Et le citadin de dire :
« Achevons tout notre rôt[7].

– C'est assez, dit le rustique[8] ;
Demain vous viendrez chez moi :
Ce n'est pas que je me pique[9]
De tous vos festins de roi ;

Mais rien ne vient m'interrompre :
Je mange tout à loisir.
Adieu donc, fi du plaisir[10]
Que la crainte peut corrompre[11]. »

---

1 – d'une façon courtoise, très polie.
2 – des restes.
3 – petit oiseau à la chair délicate.
4 – Je laisse imaginer la fête extraordinaire que firent les deux amis.
5 – pendant qu'ils étaient en train de faire la fête.
6 – Les rats ressortent de leur trou.
7 – notre rôti, notre repas.
8 – « Rustique » vient du latin rus, ruris qui signifie « campagne ». Le rustique ici, est le rat de la campagne, des champs.
9 – Ce n'est pas que je dédaigne vos festins. « Se piquer » signifie soit « se fâcher, se vexer », soit « s'enorgueillir ». « Se piquer », dans la fable, dérive du premier sens.
10 – « Fi » est une interjection, un mot court et invariable qui exprime le dédain, le dégoût.
11 – que la crainte peut gâcher.

Origine : Horace

Le Loup et l'Agneau

La raison du plus fort est toujours la meilleure;
    Nous l'allons montrer[1] tout à l'heure[2].
      Un Agneau se désaltérait
      Dans le courant d'une onde pure.
Un Loup survient à jeun, qui cherchait aventure[3],
    Et que la faim en ces lieux attirait.
«Qui te rend si hardi de troubler mon breuvage?
      Dit cet animal plein de rage:
      Tu seras châtié[4] de ta témérité.
– Sire, répond l'Agneau, que Votre Majesté
      Ne se mette pas en colère;
      Mais plutôt qu'elle considère
      Que je me vas[5] désaltérant
          Dans le courant,
      Plus de vingt pas au-dessous d'Elle,
Et que, par conséquent, en aucune façon
      Je ne puis troubler sa boisson.
– Tu la troubles! reprit cette bête cruelle,
Et je sais que de moi tu médis[6] l'an passé.
– Comment l'aurais-je fait si[7] je n'étais pas né?
      Reprit l'Agneau; je tette[8] encor[9] ma mère.
      – Si ce n'est toi, c'est donc ton frère.
– Je n'en ai point. – C'est donc quelqu'un des tiens:

Car vous ne m'épargnez guère,
Vous, vos bergers et vos chiens.
On me l'a dit : il faut que je me venge. »
Là-dessus, au fond des forêts,
Le Loup l'emporte, et puis le mange,
Sans autre forme de procès.

---

1 – démontrer, prouver.
2 – tout de suite, dans l'histoire qui vient.
3 – qui cherchait une occasion pour se nourrir.
4 – Tu seras puni.
5 – On disait à cette époque, dans les milieux cultivés, à la cour, « je vas »
et non « je vais » qui était jugé populaire.
6 – Tu as dit du mal de moi.
7 – puisque je n'étais pas né.
8 – le verbe « téter », issu du germanique *titta*, « sein de femme »,
s'écrivait alors – et jusqu'au XIXe siècle – « tetter ». « Je tette » respecte la
conjugaison d'époque.
9 – orthographe sans « e », autorisée en poésie classique.

Origine : Ésope

La Mort et le Bûcheron

Un pauvre Bûcheron, tout couvert de ramée[1],
Sous le faix[2] du fagot aussi bien que des ans
Gémissant et courbé, marchait à pas pesants,
Et tâchait de gagner sa chaumine[3] enfumée.
Enfin, n'en pouvant plus d'effort et de douleur,
Il met bas son fagot, il songe à son malheur.
Quel plaisir a-t-il eu depuis qu'il est au monde ?
En est-il un plus pauvre en la machine ronde[4] ?
Point de pain quelquefois, et jamais de repos :
Sa femme, ses enfants, les soldats[5], les impôts,
     Le créancier[6], et la corvée[7]
Lui font d'un malheureux la peinture achevée[8].
Il appelle la Mort ; elle vient sans tarder,
     Lui demande ce qu'il faut faire.
     « C'est, dit-il, afin de m'aider
À recharger ce bois ; tu ne tarderas guère.[9] »
     Le trépas[10] vient tout guérir ;
     Mais ne bougeons d'où nous sommes.
     Plutôt souffrir que mourir,
     C'est la devise des hommes.

---

1 – tout couvert de branches qu'il a coupées et transporte.
2 – sous le fardeau, sous le poids du fagot.

3 – sa petite maison, sa chaumière.

4 – en la machine ronde : sur la Terre.

5 – Les soldats logent alors chez l'habitant.

6 – celui à qui on doit de l'argent.

7 – travail non payé que le paysan devait accomplir pour le seigneur.

8 – lui donnent l'image de sa misère.

9 – Cela ne te retardera pas beaucoup, cela te prendra peu de temps.

10 – Jusqu'au XIVe siècle, le trépas désignait un passage en général.
Ici, il désigne, comme aujourd'hui, la mort.

Origine : *Ésope*

Le Renard et la Cigogne

Compère[1] le Renard se mit un jour en frais[2],
Et retint à dîner commère la Cigogne.
Le régal fut petit, et sans beaucoup d'apprêts;
          Le galant[3] pour toute besogne
Avait un brouet[4] clair (il vivait chichement[5]).
Ce brouet fut par lui servi sur une assiette:
La cigogne au long bec n'en put attraper miette;
Et le drôle[6] eut lapé[7] le tout en un moment.
          Pour se venger de cette tromperie,
À quelque temps de là, la Cigogne le prie.
«Volontiers, lui dit-il; car avec mes amis,
          Je ne fais point cérémonie.»
          À l'heure dite, il courut au logis
          De la Cigogne son hôtesse[8],
          Loua très fort sa politesse,
          Trouva le dîner cuit à point.
Bon appétit surtout; renards n'en manquent point.
Il se réjouissait à l'odeur de la viande
Mise en menus morceaux, et qu'il croyait friande[9].
          On servit, pour l'embarrasser,
En un vase à long col et d'étroite embouchure.
Le bec de la Cigogne y pouvait bien passer,
Mais le museau du sire était d'autre mesure.

Il lui fallut à jeun retourner au logis,
Honteux comme un renard qu'une poule aurait pris,
    Serrant la queue, et portant bas l'oreille.
        Trompeurs, c'est pour vous que j'écris :
        Attendez-vous à la pareille[10].

---

1 – Le compère et la commère – à l'origine le parrain et la marraine
– sont de bons voisins, de bons amis. On peut aussi comprendre que
le mot « compère » fait allusion à la malice du renard…
2 – fit de grandes dépenses pour recevoir.
3 – à la fois empressé et rusé.
4 – un bouillon, une mauvaise soupe sans saveur.
5 – Il ne dépensait presque rien, vivait en avare.
6 – le malin, le coquin.
7 – Le renard absorbe le brouet directement avec sa langue.
8 – celle qui l'accueille.
9 – agréable au goût.
10 – Attendez-vous à ce qu'on vous trompe comme vous avez
trompé.

Origine : Phèdre

Le Chêne et le Roseau

Le Chêne un jour dit au Roseau :
« Vous avez bien sujet[1] d'accuser la nature ;
Un roitelet pour vous est un pesant fardeau.
        Le moindre vent qui d'aventure[2]
        Fait rider la face de l'eau,
        Vous oblige à baisser la tête :
Cependant que[3] mon front, au Caucase[4] pareil,
Non content d'arrêter les rayons du soleil,
        Brave l'effort de la tempête[5].
Tout vous est aquilon[6], tout me semble zéphyr[7].
Encor si vous naissiez à l'abri du feuillage
        Dont je couvre le voisinage,
        Vous n'auriez pas tant à souffrir :
        Je vous défendrais de l'orage ;
        Mais vous naissez le plus souvent
Sur les humides bords des royaumes du vent[8].
La nature envers vous me semble bien injuste.
– « Votre compassion, lui répondit l'arbuste,
Part d'un bon naturel ; mais quittez ce souci.
Les vents me sont moins qu'à vous redoutables.
Je plie, et ne romps pas. Vous avez jusqu'ici
        Contre leurs coups épouvantables
        Résisté sans courber le dos ;

Mais attendons la fin. » Comme il disait ces mots,
Du bout de l'horizon accourt avec furie
    Le plus terrible des enfants
Que le Nord eût portés jusque-là dans ses flancs[9].
    L'Arbre tient bon ; le Roseau plie.
    Le vent redouble ses efforts,
    Et fait si bien qu'il déracine
Celui de qui la tête au ciel était voisine[10],
Et dont les pieds touchaient à l'empire des morts.

---

1 – bien des raisons.
2 – par hasard.
3 – alors que, tandis que.
4 – chaîne de montagnes très élevées qui marque la frontière entre l'Europe et l'Asie, entre la mer Noire et la mer Caspienne.
5 – combat victorieusement la tempête.
6 – vent du nord, plutôt rude et fort.
7 – vent d'ouest, agréable et doux.
8 – les marécages.
9 – un vent du nord qui souffle en cyclone.
10 – celui dont la tête était voisine du ciel.

Origine : Ésope

Conseil tenu par les Rats

Un Chat nommé Rodilardus[1]
Faisait de Rats telle déconfiture[2]
Que l'on n'en voyait presque plus,
Tant il en avait mis dedans la sépulture.
Le peu qu'il en restait, n'osant quitter son trou,
Ne trouvait à manger que le quart de son soûl[3] ;
Et Rodilard passait, chez la gent misérable[4],
Non pour un chat, mais pour un diable.
Or un jour qu'au haut et au loin
Le galant[5] alla chercher femme,
Pendant tout le sabbat[6] qu'il fit avec sa dame,
Le demeurant des Rats tint chapitre en un coin[7]
Sur la nécessité[8] présente.
Dès l'abord leur Doyen[9], personne fort prudente,
Opina[10] qu'il fallait, et plus tôt que plus tard,
Attacher un grelot au cou de Rodilard ;
Qu'ainsi, quand il irait en guerre,
De sa marche avertis[11], ils s'enfuiraient sous terre ;
Qu'il n'y savait que ce moyen.
Chacun fut de l'avis de Monsieur le Doyen,
Chose[12] ne leur parut à tous plus salutaire.
La difficulté fut d'attacher le grelot.
L'un dit : « Je n'y vas[13] point, je ne suis pas si sot » ;

L'autre : « Je ne saurais. » Si bien que sans rien faire
　　　On se quitta. J'ai maints chapitres vus[14],
　　　Qui pour néant se sont ainsi tenus[15] ;
Chapitres non de Rats, mais chapitres de moines,
　　　.　Voire[16] chapitres de chanoines.

　　　Ne faut-il que délibérer,
　　　La cour en conseillers foisonne[17] ;
　　　Est-il besoin d'exécuter[18],
　　　L'on ne rencontre plus personne.

---

1 – Ce nom est emprunté à Rabelais qui l'emploie dans le *Quart Livre*
pour désigner un chat.
2 – faisait de tels ravages chez les rats.
3 – « être rassasié », c'est manger tout son soûl. « Ne manger que le
quart de son soûl », c'est manger fort peu.
4 – la race misérable : les rats.
5 – l'empressé auprès des dames, le séducteur.
6 – tout le bruit.
7 – Le reste des rats forma une assemblée dans un coin.
8 – sur l'urgence du moment, la gravité de la situation.
9 – le plus âgé.
10 – décida.
11 – avertis de sa démarche, de son passage.
12 – aucune chose, aucune décision.
13 – je n'y vais.
14 – J'ai vu beaucoup d'assemblées.
15 – qui se sont tenues pour rien.
16 – et même.
17 – S'il ne s'agit que de décider, la cour foisonne de conseillers.

18 – dès qu'il faut exécuter ce qui a été décidé.

Origine : Abstemius

La Fontaine parisien

Au 40 rue d'Auteuil, dans le 16ᵉ arrondissement, existait – et existe encore – une auberge Le Mouton Blanc, *où La Fontaine aimait faire bonne chère, en joyeuse compagnie.*

Le Lion et le Moucheron

« Va-t-en, chétif insecte, excrément de la terre. »
   C'est en ces mots que le Lion
   Parlait un jour au Moucheron.
   L'autre lui déclara la guerre.
« Penses-tu, lui dit-il, que ton titre de Roi
   Me fasse peur ni me soucie[1] ?
   Un bœuf est plus puissant que toi,
   Je le mène à ma fantaisie[2]. »
   À peine il achevait ces mots
   Que lui-même il sonna la charge,
   Fut le trompette et le héros[3].
   Dans l'abord il se met au large,
   Puis prend son temps, fond sur le cou
   Du Lion, qu'il rend presque fou.
Le quadrupède écume[4], et son œil étincelle ;
Il rugit, on se cache, on tremble à l'environ ;
   Et cette alarme universelle
   Est l'ouvrage d'un Moucheron.
Un avorton de mouche en cent lieux le harcelle[5] :
Tantôt pique l'échine, et tantôt le museau,
   Tantôt entre au fond du naseau.
La rage alors se trouve à son faîte montée[6].
L'invisible ennemi triomphe, et rit de voir

Qu'il n'est griffe ni dent en la bête irritée
Qui de la mettre en sang ne fasse son devoir[7].
Le malheureux Lion se déchire lui-même,
Fait résonner sa queue à l'entour de ses flancs,
Bat l'air, qui n'en peut mais[8] ; et sa fureur extrême
Le fatigue, l'abat ; le voilà sur les dents.
L'insecte du combat se retire avec gloire[9] :
Comme il sonna la charge, il sonne la victoire,
Va partout l'annoncer, et rencontre en chemin
      L'embuscade d'une araignée :
      Il y rencontre aussi sa fin[10].

Quelle chose par là nous peut être enseignée[11] ?
J'en vois deux dont l'une est qu'entre nos ennemis
Les plus à craindre sont souvent les plus petits ;
L'autre, qu'aux grands périls tel a pu se soustraire,
      Qui périt pour la moindre affaire[12].

---

1 – ou me crée du souci.
2 – Je le conduis comme je veux, où je veux.
3 – Il fut à la fois celui qui, dans une bataille, sonne la charge à la trompette, et le soldat qui attaque.
4 – Le lion est tellement en colère que de l'écume sort de sa gueule.
5 – On écrirait aujourd'hui « un avorton de mouche en cent lieux le *harcèle.* » Dans la huitième édition de son dictionnaire, l'Académie française donnait encore la conjugaison du XVIIe siècle : je harcelle. Dans la neuvième édition, il est précisé : harceler se conjugue comme

celer, ce qui donne : je harcèle, tu harcèles…

6 – La colère du lion est à son sommet, à son plus haut point, elle est montée à son faîte – le faîte est le sommet.

7 – La mouche rit de voir que les griffes et les dents du lion en colère le mettent en sang.

8 – n'en peut plus – « mais » vient du latin magis qui signifie « plus ».

9 – L'insecte se retire du combat avec gloire.

10 – La mouche se fait prendre dans une toile d'araignée, elle y laisse la vie.

11 – peut nous être enseignée.

12 – On a pu échapper à de grands dangers, cela n'empêche pas qu'on peut mourir d'un tout petit accident de parcours.

Origine : Ésope

Anecdote

À la fin de sa vie, La Fontaine, malade, renia ses contes licencieux sur les conseils de son confesseur, l'abbé Pouget. Pouget ordonna aussi qu'il brûle une pièce qu'il venait d'écrire. La Fontaine résista, Pouget insista tant que la servante du fabuliste s'écria : « Eh ! Ne le tourmentez pas tant ! Il est plus bête que méchant. Dieu n'aura jamais le courage de le damner »… La Fontaine, cependant, dut brûler sa pièce.

L'Âne chargé d'éponges
et l'Âne chargé de sel

Un Ânier[1], son sceptre[2] à la main,
Menait, en empereur romain,
Deux coursiers à longues oreilles[3].
L'un d'éponges chargé[4] marchait comme un courrier[5] ;
Et l'autre se faisant prier,
Portait, comme on dit, les bouteilles[6] :
Sa charge était de sel. Nos gaillards pèlerins,
Par monts, par vaux et par chemins,
Au gué[7] d'une rivière à la fin arrivèrent,
Et fort empêchés se trouvèrent[8].
L'Ânier, qui tous les jours traversait ce gué-là,
Sur l'Âne à l'éponge monta[9],
Chassant devant lui l'autre bête,
Qui, voulant en faire à sa tête,
Dans un trou se précipita[10],
Revint sur l'eau, puis échappa[11] ;
Car au bout de quelques nagées[12],
Tout son sel se fondit si bien
Que le Baudet ne sentit rien
Sur ses épaules soulagées.
Camarade épongier[13] prit exemple sur lui,
Comme un mouton qui va dessus la foi d'autrui[14].

Voilà mon Âne à l'eau : jusqu'au col il se plonge,
    Lui, le conducteur et l'éponge.
Tous trois burent d'autant[15] : l'Ânier et le Grison
    Firent à l'éponge raison[16].
    Celle-ci devint si pesante,
    Et de tant d'eau s'emplit d'abord,
Que l'Âne succombant ne put gagner le bord.
    L'Ânier l'embrassait, dans l'attente
    D'une prompte et certaine mort[17].
Quelqu'un vint au secours : qui ce fut, il n'importe ;
C'est assez qu'on ait vu par là qu'il ne faut point
    Agir chacun de même sorte[18].
    J'en voulais venir à ce point.

---

1 – un conducteur d'ânes.
2 – Le sceptre est un bâton de commandement, l'insigne de la royauté. L'ânier tient son bâton d'ânier de façon royale…
3 – Il s'agit des ânes. La Fontaine utilise ici une périphrase pour les désigner, c'est-à-dire qu'il emploie plusieurs mots imagés (« coursiers aux longues oreilles ») à la place d'un seul (« ânes »).
4 – L'un, chargé d'éponges.
5 – Il marchait vite, comme un porteur de dépêches qui court : un courrier.
6 – Il marchait avec précaution, lentement, comme on marche lorsqu'on porte des bouteilles de verre.
7 – Le gué d'une rivière est l'endroit où son lit est relevé d'une berge à l'autre, de sorte qu'on peut la franchir à pied, en se mouillant, mais sans se noyer.
8 – Ils se trouvèrent dans l'embarras, gênés pour passer le gué.
9 – monta sur l'âne à l'éponge.

10 – chassant devant lui l'autre bête qui se précipita dans un trou.
11 – puis fut sauvée.
12 – au bout de quelques mouvements de nage.
13 – l'âne chargé d'éponges.
14 – comme un mouton qui suit celui qui le précède, fait comme les autres moutons...
15 – Tous trois burent beaucoup.
16 – Ils burent autant tous les trois, comme s'ils avaient décidé de trinquer pour la même quantité.
17 – d'une mort certaine et rapide.
18 – Il ne faut pas que chacun agisse, sans réfléchir, de la même façon que les autres.

Origine: *Ésope et Faerne*

Le Lion et le Rat

Il faut, autant qu'on peut, obliger tout le monde[1]
On a souvent besoin d'un plus petit que soi.
De cette vérité deux fables feront foi,
        Tant la chose en preuves abonde[2].

        Entre les pattes d'un Lion
Un Rat sortit de terre assez à l'étourdie[3].
Le roi des animaux, en cette occasion,
Montra ce qu'il était, et lui donna[4] la vie.
        Ce bienfait ne fut pas perdu.
        Quelqu'un aurait-il jamais cru
        Qu'un Lion d'un Rat eût affaire[5] ?
Cependant il avint qu'au sortir des forêts[6]
        Ce Lion fut pris dans des rets[7]
Dont ses rugissements ne le purent défaire.
Sire Rat accourut, et fit tant par ses dents
Qu'une maille rongée emporta[8] tout l'ouvrage.
        Patience et longueur de temps
        Font plus que force ni que rage.

---

1 – Il faut rendre service aux autres.
2 – Deux fables confirmeront cette vérité tellement les preuves en
sont nombreuses.
3 – sans faire attention.

4 – Le lion lui laissa la vie, il ne le tua pas.
5 – qu'un lion aurait besoin d'un rat.
6 – Il arriva qu'à la sortie d'une forêt.
7 – Ce lion fut pris dans un piège.
8 – détruisit.

Origine: *Ésope et Marot*

La Colombe et la Fourmi

L'autre exemple est tiré d'animaux plus petits.
Le long d'un clair ruisseau buvait une Colombe[1],
Quand sur l'eau se penchant une Fourmi y tombe.
Et dans cet océan l'on eût vu la Fourmi
S'efforcer, mais en vain, de regagner la rive[2].
La Colombe aussitôt usa de charité[3] :
Un brin d'herbe dans l'eau par elle étant jeté[4],
Ce fut un promontoire où la Fourmi arrive.
        Elle se sauve ; et là-dessus
Passe un certain Croquant[5] qui marchait les pieds nus.
Ce Croquant, par hasard, avait une arbalète[6].
        Dès qu'il voit l'Oiseau de Vénus[7]
Il le croit en son pot[8], et déjà lui fait fête.
Tandis qu'à le tuer mon Villageois s'apprête[9],
        La Fourmi le pique au talon.
        Le Vilain retourne la tête.
La Colombe l'entend, part, et tire de long[10].
Le soupé du Croquant avec elle s'envole :
        Point de Pigeon pour une obole[11].

---

1 – Une colombe buvait.
2 – « on eût vu » : on aurait vu la fourmi tenter de regagner la rive sans y parvenir, mais la colombe est là…
3 – Elle fit preuve de charité.

4 – étant jeté par elle.

5 – un vagabond, un misérable qui n'a pour arme ou pour outil qu'un croc, d'où ce nom de « croquant ».

6 – une sorte d'arc.

7 – oiseau de Vénus : périphrase désignant l'oiseau consacré à Vénus chez les Romains, la colombe.

8 – dans sa marmite.

9 – tandis que mon villageois s'apprête à le tuer.

10 – Comme on tire une affaire en longueur pour en éloigner la conclusion, la colombe s'éloigne, s'enfuit, disparaît.

11 – Une obole est une monnaie sans valeur. Ici, l'obole est l'image d'un petit fait insignifiant qui a fait rater le projet du croquant.

Origine : Ésope

Le Coq et le Renard

Sur la branche d'un arbre était en sentinelle
   Un vieux Coq[1] adroit et matois[2].
« Frère, dit un Renard adoucissant sa voix,
   Nous ne sommes plus en querelle :
   Paix générale cette fois.
Je viens te l'annoncer ; descends que je t'embrasse ;
   Ne me retarde point, de grâce :
Je dois faire aujourd'hui vingt postes[3] sans manquer[4].
   Les tiens et toi pouvez vaquer[5],
   Sans nulle crainte à vos affaires ;
   Nous vous y servirons en frères.
   Faites-en les feux[6] dès ce soir.
   Et cependant viens recevoir
   Le baiser d'amour fraternelle[7].
– Ami, reprit le Coq, je ne pouvais jamais
Apprendre une plus douce et meilleure nouvelle
     Que celle
    De cette paix.
   Et ce m'est une double joie
De la tenir de toi. Je vois deux Lévriers,
   Qui, je m'assure[8], sont courriers
   Que pour ce sujet on envoie.
Ils vont vite, et seront dans un moment à nous.

Je descends : nous pourrons nous entre-baiser tous.
— Adieu, dit le Renard, ma traite[9] est longue à faire :
Nous nous réjouirons du succès de l'affaire
    Une autre fois. » Le galand[10] aussitôt
     Tire ses grègues[11], gagne au haut[12],
     Mal content de son stratagème ;
     Et notre vieux Coq en soi-même
     Se mit à rire de sa peur
Car c'est double plaisir de tromper le trompeur.

---

1 – Un vieux coq était en sentinelle sur la branche d'un arbre.

2 – matois : rusé, filou.

3 – vingt fois une lieue et demie (100 km environ) : distance qui sépare deux maisons de postes sur les grandes routes.

4 – obligatoirement, sans faute.

5 – consacrer votre temps à vos affaires.

6 – Faites des feux de joie dès ce soir pour célébrer cet événement.

7 – « amour » au singulier pouvait être du genre féminin.

8 – J'en suis sûr.

9 – mon trajet, ma distance.

10 – le rusé.

11 – « tirer ses grègues » signifie « s'enfuir ». Les grègues étaient un haut-de-chausses, une culotte portée au XVIᵉ siècle.

12 – s'en va au loin.

Origine : Ésope

La Chatte métamorphosée en Femme

Un Homme chérissait éperdument sa Chatte ;
Il la trouvait mignonne, et belle, et délicate,
    Qui miaulait d'un ton fort doux.
    Il était plus fou que les fous.
  Cet Homme donc, par prières, par larmes,
    Par sortilèges et par charmes[1],
    Fait tant qu'il obtient du Destin
    Que sa Chatte en un beau matin
    Devient femme, et le matin même,
    Maître sot[2] en fait sa moitié[3].
    Le voilà fou d'amour extrême,
    De fou qu'il était d'amitié.
    Jamais la dame la plus belle
    Ne charma tant son Favori
    Que fait cette épouse nouvelle
    Son hypocondre[4] de mari.
    Il l'amadoue, elle le flatte ;
    Il n'y trouve plus rien de Chatte,
    Et poussant l'erreur jusqu'au bout,
    La croit femme en tout et partout,
Lorsque quelques Souris qui rongeaient de la natte
Troublèrent le plaisir des nouveaux mariés.
    Aussitôt la femme est sur pieds.

Elle manqua son aventure[5].
Souris de revenir, femme d'être en posture[6].
   Pour cette fois elle accourut à point ;
      Car, ayant changé de figure,
      Les souris ne la craignaient point.
      Ce lui fut toujours une amorce[7],
      Tant le naturel a de force.
Il se moque de tout, certain âge accompli[8].
Le vase est imbibé, l'étoffe a pris son pli.
      En vain de son train ordinaire
      On le veut désaccoutumer[9] :
      Quelque chose qu'on puisse faire[10],
      On ne saurait le réformer.
      Coups de fourche ni d'étrivières[11]
      Ne lui font changer de manières ;
      Et fussiez-vous embâtonnés[12],
      Jamais vous n'en serez les maîtres.
      Qu'on lui ferme la porte au nez,
      Il reviendra par les fenêtres.

---

1 – par des procédés magiques.
2 – Maître sot : La Fontaine juge déjà ce mari imprudent.
3 – Il en fait son épouse.
4 – bizarre parce que fou d'amour.
5 – Elle ne parvint pas à attraper la souris.
6 – La souris revient, la femme se remet en embuscade.

7 – Les souris l'attirèrent toujours.

8 – À partir d'un certain âge, le naturel s'impose.

9 – On voudrait se défaire de ses propres réflexes, de ses propres habitudes.

10 – qu'on fasse n'importe quoi.

11 – Les étrivières sont les courroies qui rattachent les étriers à la selle du cheval. On se servait de ces courroies pour frapper les valets pris en faute.

12 – même si vous étiez armés de bâtons.

Origine : Ésope

LIVRE III

Les Grenouilles qui demandent un Roi

Les Grenouilles se lassant
De l'état démocratique,
Par leurs clameurs firent tant
Que Jupin[1] les soumit au pouvoir monarchique.
Il leur tomba du ciel un Roi tout pacifique :
Ce Roi fit toutefois un tel bruit en tombant
Que la gent marécageuse[2],
Gent fort sotte et fort peureuse,
S'alla cacher sous les eaux,
Dans les joncs, dans les roseaux,
Dans les trous du marécage,
Sans oser de longtemps regarder au visage
Celui qu'elles croyaient être un géant nouveau ;
Or c'était un Soliveau[3],
De qui la gravité fit peur à la première
Qui de le voir s'aventurant
Osa bien quitter sa tanière[4].
Elle approcha, mais en tremblant ;
Une autre la suivit, une autre en fit autant,
Il en vint une fourmilière ;
Et leur troupe à la fin se rendit familière
Jusqu'à sauter sur l'épaule du Roi.
Le bon sire le souffre et se tient toujours coi[5].

Jupin en a bientôt la cervelle rompue[6].
« Donnez-nous, dit ce peuple, un Roi qui se remue. »
Le Monarque des Dieux leur envoie une Grue[7],
       Qui les croque, qui les tue,
       Qui les gobe à son plaisir,
       Et Grenouilles de se plaindre ;
Et Jupin de leur dire : « Eh quoi ! votre désir
       À ses lois croit-il nous astreindre[8] ?
       Vous avez dû[9] premièrement
       Garder votre gouvernement ;
Mais, ne l'ayant pas fait, il vous devait suffire
Que votre premier roi fut débonnaire[10] et doux :
       De celui-ci contentez-vous,
       De peur d'en rencontrer un pire. »

---

1 – Jupiter en ancien français.
2 – c'est-à-dire la race vivant dans les marécages, périphrase pour désigner les grenouilles.
3 – Un soliveau est une pièce de bois reposant sur des poutres pour soutenir un plancher.
4 – Un soliveau dont la gravité fit peur à la première grenouille qui, s'aventurant pour le voir, osa quitter sa tanière.
5 – sans une parole, silencieux.
6 – la tête qui éclate tant les grenouilles coassent.
7 – oiseau échassier.
8 – Votre désir va-t-il nous obliger à nous soumettre à ses lois ?
9 – « vous auriez dû » : le passé composé pouvait être l'équivalent du conditionnel passé.
10 – bon et doux.   *Origine : Ésope*

Le Renard et le Bouc

Capitaine Renard allait de compagnie
Avec son ami Bouc des plus haut encornés[1].
Celui-ci ne voyait pas plus loin que son nez[2] ;
L'autre était passé maître en fait de tromperie.
La soif les obligea de descendre en un puits.
      Là, chacun d'eux se désaltère.
Après qu'abondamment tous deux en eurent pris,
Le Renard dit au Bouc : « Que ferons-nous, compère ?
Ce n'est pas tout de boire, il faut sortir d'ici.
Lève tes pieds en haut, et tes cornes aussi ;
Mets-les contre le mur. Le long de ton échine
      Je grimperai premièrement ;
      Puis, sur tes cornes m'élevant,
      À l'aide de cette machine,
      De ce lieu-ci je sortirai,
      Après quoi je t'en tirerai.
– Par ma barbe, dit l'autre, il est bon[3] ; et je loue
      Les gens bien sensés comme toi.
      Je n'aurais jamais, quant à moi,
      Trouvé ce secret, je l'avoue. »
Le Renard sort du puits, laisse son compagnon,
      Et vous lui fait un beau sermon
      Pour l'exhorter à patience[4].

« Si le ciel t'eût, dit-il, donné[5] par excellence
Autant de jugement que de barbe au menton,
    Tu n'aurais pas, à la légère,
Descendu dans ce puits. Or, adieu, j'en suis hors.
Tâche de t'en tirer, et fais tous tes efforts :
    Car pour moi, j'ai certaine affaire
Qui ne me permet pas d'arrêter en chemin. »
En toute chose il faut considérer la fin.

---

1 – La belle paire de cornes qu'il porte semble-t-il comme une décoration lui donne l'air martial qui s'harmonise parfaitement au « capitaine » qualifiant le renard.
2 – au sens propre et au sens figuré, comme le montre le récit.
3 – Cela est bon.
4 – pour le convaincre de patienter.
5 – si le ciel t'avait donné.

Origine : Ésope

Le Renard et les Raisins

Certain Renard gascon[1], d'autres disent normand[2],
Mourant presque de faim, vit au haut d'une treille[3]
   Des Raisins mûrs apparemment[4]
   Et couverts d'une peau vermeille.
Le galant[5] en eût fait volontiers un repas ;
   Mais comme il n'y pouvait atteindre :
« Ils sont trop verts, dit-il, et bons pour des goujats[6]. »
   Fit-il pas mieux que de se plaindre ?

---

1 – Le Gascon passait pour fanfaron, vantard, faussement brave, et querelleur.
2 – Le Normand avait la réputation d'être prudent à l'extrême, de ne jamais s'engager sans être sûr de lui.
3 – une vigne soutenue par un treillage.
4 – « apparemment » signifie ici « de façon sûre », les raisins sont mûrs.
5 – le rusé.
6 – le goujat était un valet de soldat ; par extension, c'est un homme grossier que la médiocrité ne rebute pas.

Origine : Ésope

La Belette entrée dans un Grenier

Damoiselle Belette, au corps long et flouet[1],
Entra dans un grenier par un trou fort étret[2] :
      Elle sortait de maladie.
      Là, vivant à discrétion[3],
      La galante[4] fit chère lie[5],
      Mangea, rongea : Dieu sait la vie,
Et le lard qui périt en cette occasion !
      La voilà pour conclusion
      Grasse, maflue[6] et rebondie.
Au bout de la semaine, ayant dîné son soûl[7],
Elle entend quelque bruit, veut sortir par le trou,
Ne peut plus repasser, et croit s'être méprise.
      Après avoir fait quelques tours,
« C'est, dit-elle, l'endroit : me voilà bien surprise ;
J'ai passé par ici depuis cinq ou six jours. »
      Un Rat qui la voyait en peine
Lui dit : « Vous aviez lors la panse un peu moins pleine.
Vous êtes maigre entrée, il faut maigre sortir.
Ce que je vous dis là, l'on le dit à bien d'autres.
Mais ne confondons point, par trop approfondir,
      Leurs affaires avec les vôtres[8]. »

1 – « fluet », en orthographe de l'époque.
2 – « étroit » en orthographe de l'époque, rime avec « flouet ».
3 – en toute liberté, sans rien payer.
4 – la rusée.
5 – Elle fit chère joyeuse, elle fit bonne chère.
6 – pleine d'embonpoint.
7 – s'étant rassasiée.
8 – allusion à certains profiteurs qui avaient détourné de l'argent lorsque Fouquet occupait les fonctions de surintendant des Finances pendant la minorité du roi Louis XIV.

Origine : Ésope

Anecdote

Jean de La Bruyère qui admirait les œuvres de La Fontaine décrit ainsi le fabuliste en société : « Il était lourd, grossier, stupide ». Louis Racine, fils de Jean Racine, écrit que ses sœurs avaient vu La Fontaine à table dans leur jeunesse. Il livre le portrait qu'elles en faisaient : « C'était un homme fort malpropre et fort ennuyeux. Il ne parlait point, ou voulait toujours parler de Platon ».

LIVRE IV

Le Lion amoureux

Du temps que les bêtes parlaient,
Les Lions entre autres voulaient
Être admis dans notre alliance[1].
Pourquoi non ? puisque leur engeance[2]
Valait la nôtre en ce temps-là,
Ayant courage, intelligence,
Et belle hure[3] outre cela.
Voici comment il en alla :
Un Lion de haut parentage[4],
En passant par un certain pré,
Rencontra Bergère à son gré :
Il la demande en mariage.
Le père aurait fort souhaité
Quelque gendre un peu moins terrible.
La donner lui semblait bien dur ;
La refuser n'était pas sûr ;
Même un refus eût fait possible
Qu'on eût vu quelque beau matin
Un mariage clandestin[5].
Car, outre[6] qu'en toute manière
La belle était pour les gens fiers[7],
Fille se coiffe volontiers
D'amoureux à longue crinière.

Le Père donc ouvertement
N'osant renvoyer notre amant,
Lui dit : « Ma fille est délicate ;
Vos griffes la pourront blesser
Quand vous voudrez la caresser.
Permettez donc qu'à chaque patte
On vous les rogne ; et pour les dents,
Qu'on vous les lime en même temps.
Vos baisers en seront moins rudes,
Et pour vous plus délicieux ;
Car ma fille y répondra mieux,
Étant sans ces inquiétudes ».
Le Lion consent à cela,
Tant son âme était aveuglée !
Sans dents ni griffes le voilà,
Comme place démantelée[8].
On lâcha sur lui quelques chiens :
Il fit fort peu de résistance.
Amour, Amour, quand tu nous tiens,
On peut bien dire : Adieu prudence.

---

1 – dans notre parenté, notre famille.
2 – race.
3 – tête hérissée de poils.
4 – de haute lignée, de famille prestigieuse.

5 – mais un refus aurait rendu possible qu'on voie un beau matin un mariage en cachette.

6 – en plus.

7 – La fille aimait les jeunes gens courageux, hardis et conquérants.

8 – comme une ville, une place forte sans remparts.

Origine : *Ésope*

Le Singe et le Dauphin

C'était chez les Grecs un usage
Que sur la mer tous voyageurs
Menaient avec eux en voyage
Singes et chiens de bateleurs[1].
Un navire en cet équipage
Non loin d'Athènes fit naufrage.
Sans les Dauphins tout eût péri.
Cet animal est fort ami
De notre espèce : en son Histoire
Pline[2] le dit ; il le faut croire.
Il sauva donc tout ce qu'il put.
Même un Singe en cette occurrence,
Profitant de la ressemblance,
Lui pensa devoir son salut.
Un Dauphin le prit pour un homme,
Et sur son dos le fit asseoir
Si gravement qu'on eût cru voir
Ce chanteur[3] que tant on renomme[4].
Le Dauphin l'allait mettre à bord,
Quand par hasard il lui demande :
« Êtes-vous d'Athènes la grande ?
– Oui, dit l'autre, on m'y connaît fort ;
S'il vous y survient quelque affaire,

Employez-moi ; car mes parents
Y tiennent tous les premiers rangs :
Un mien cousin est juge-maire[5]. »
Le Dauphin dit : « Bien grand merci ;
Et Le Pirée[6] a part aussi
À l'honneur de votre présence ?
Vous le voyez souvent, je pense ?
– Tous les jours : il est mon ami
C'est une vieille connaissance. »
Notre magot[7] prit pour ce coup
Le nom d'un port pour un nom d'homme.
De telles gens il est beaucoup[8]
Qui prendraient Vaugirard[9] pour Rome,
Et qui, caquetant au plus dru[10],
Parlent de tout et n'ont rien vu.
Le Dauphin rit, tourne la tête,
Et, le magot considéré,
Il s'aperçoit qu'il n'a tiré
Du fond des eaux rien qu'une bête.
Il l'y replonge et va trouver
Quelque homme afin de le sauver.

---

1 – saltimbanque : personne qui montrait des animaux en spectacle lors des foires.
2 – Pline l'Ancien, né en 23, écrivain et naturaliste romain, auteur

d'une Histoire naturelle. Il mourut à Pompéi, lors de l'éruption du Vésuve, en 79.

3 – Pline raconte qu'un chanteur nommé Arion s'était jeté à la mer après avoir chanté une dernière fois, pour échapper aux matelots qui voulaient le voler et le tuer. Mais, attirés et charmés par son chant, les dauphins le sauvèrent.

4 – qu'on rend célèbre en racontant son histoire.

5 – « maire » avait le sens de « plus grand » ; « juge-maire » désigne le juge le plus important.

6 – Le Pirée est le port d'Athènes.

7 – gros singe, macaque.

8 – Il existe beaucoup de gens comme ceux-là.

9 – Vaugirard était alors un village près de Paris.

10 – parlant excessivement.

Origine : Ésope

Anecdote

La Fontaine connaissait parfaitement le latin. Pour les textes en grec, langue qu'il ne savait pas lire, il faisait appel à des traducteurs. Parmi ces traducteurs, son cousin par alliance : Jean Racine…

Le Geai paré des plumes du Paon

Un Paon muait[1] ; un Geai prit son plumage ;
  Puis après se l'accommoda[2] ;
Puis parmi d'autres Paons tout fier se panada[3],
  Croyant être un beau personnage.
Quelqu'un le reconnut : il se vit bafoué,
  Berné, sifflé, moqué, joué,
Et par Messieurs les Paons plumé d'étrange sorte[4] ;
Même vers ses pareils s'étant réfugié,
  Il fut par eux mis à la porte.
Il est assez de geais à deux pieds comme lui[5],
Qui se parent souvent des dépouilles d'autrui,
  Et que l'on nomme plagiaires[6].
Je m'en tais ; et ne veux leur causer nul ennui :
  Ce ne sont pas là mes affaires.

---

1 – perdait son plumage avant d'en retrouver un nouveau.
2 – s'en revêtit, se l'ajusta.
3 – se pavana, se montra comme se montrerait un paon.
4 – et plumé d'étrange sorte par Messieurs les Paons.
5 – des individus.
6 – Ceux qui se contentent d'imiter les œuvres des autres, s'en inspirent très fortement, sans le dire. Le plagiat était courant à l'époque de La Fontaine, la propriété littéraire n'étant pas protégée.

Origine : Phèdre

Le Renard et le Buste[1]

Les grands[2], pour la plupart, sont masques de théâtre[3] ;
Leur apparence impose au vulgaire idolâtre[4].
L'Âne n'en sait juger que par ce qu'il en voit[5].
Le Renard, au contraire, à fond les examine,
Les tourne de tout sens ; et, quand il s'aperçoit
      Que leur fait n'est que bonne mine[6],
Il leur applique un mot qu'un Buste de héros
      Lui fit dire fort à propos.
C'était un Buste creux, et plus grand que nature.
Le Renard, en louant l'effort de la sculpture :
« Belle tête, dit-il, mais de cervelle point[7]. »
Combien de grands seigneurs sont bustes en ce point[8] !

---

1 – sculpture représentant la tête, les épaules et une partie de la
poitrine d'un personnage.
2 – les grands seigneurs, les nobles, les princes.
3 – Presque tous les grands seigneurs jouent un rôle.
4 – Leur apparence impressionne celui qui se laisse éblouir sans
réfléchir.
5 – L'âne, le sot, se fie aux apparences.
6 – que leur façon d'être est superficielle.
7 – belle tête sans cervelle.
8 – Les grands seigneurs, les gens qui font les importants sont souvent
des têtes sans cervelle, sans intelligence.

Origine : Ésope

Le Loup, la Chèvre et le Chevreau

La Bique[1] allant remplir sa traînante mamelle
    Et paître l'herbe nouvelle,
    Ferma sa porte au loquet[2],
    Non sans dire à son Biquet :
    « Gardez-vous sur votre vie
    D'ouvrir, que l'on ne vous die[3],
    Pour enseigne et mot du guet[4] :
    Foin du loup et de sa race ! »[5]
    Comme elle disait ces mots,
    Le loup de fortune[6] passe ;
    Il les recueille à propos,
    Et les garde en sa mémoire.
    La Bique, comme on peut croire,
    N'avait pas vu le glouton[7].
Dès qu'il la voit partie, il contrefait son ton[8],
    Et d'une voix papelarde[9]
Il demande qu'on ouvre en disant : « Foin du loup ! »
    Et croyant entrer tout d'un coup.
Le biquet soupçonneux par la fente regarde.
« Montrez-moi patte blanche, ou je n'ouvrirai point »,
S'écria-t-il d'abord. (Patte blanche est un point
Chez les loups, comme on sait, rarement en usage[10].)
Celui-ci, fort surpris d'entendre ce langage,

Comme il était venu s'en retourna chez soi[11].
Où serait le Biquet s'il eût ajouté foi
    Au mot du guet que de fortune
    Notre Loup avait entendu[12] ?
    Deux sûretés valent mieux qu'une,
Et le trop en cela ne fut jamais perdu.

---

1 – la femelle du bouc, la chèvre.
2 – en la bloquant avec le loquet, barre de bois fixée à l'intérieur de
la porte, et qui pivote pour s'enclencher dans une pièce métallique.
3 – Évitez soigneusement, car votre vie est en jeu, d'ouvrir sans qu'on
vous ait dit…
4 – le signe de reconnaissance, le mot de passe.
5 – Au diable le loup et sa race, qu'ils disparaissent !
6 – par hasard.
7 – le loup affamé.
8 – Il déguise sa voix.
9 – hypocrite.
10 – Les loups n'ont pas souvent les pattes blanches ; cette remarque
possède un double sens, les loups symbolisant les voraces qui
n'hésitent pas à se salir les pattes, les mains, pour accomplir leurs
crimes.
11 – retourna chez lui comme il était venu.
12 – s'il avait accepté le mot de passe que par hasard notre loup avait
entendu.

Origine : Ésope

Parole de Socrate

Socrate[1] un jour faisant bâtir,
     Chacun censurait son ouvrage :
L'un trouvait les dedans[2], pour ne lui point mentir,
     Indignes d'un tel personnage ;
L'autre blâmait la face[3], et tous étaient d'avis
Que les appartements en étaient trop petits.
Quelle maison pour lui ! L'on y tournait à peine.
     « Plût au ciel que de vrais amis,
Telle qu'elle est, dit-il, elle pût être pleine[4] ! »
     Le bon Socrate avait raison
De trouver pour ceux-là trop grande sa maison.
Chacun se dit ami ; mais fol qui s'y repose[5] :
     Rien n'est plus commun que ce nom,
     Rien n'est plus rare que la chose.

---

1 – philosophe grec du Ve siècle av. J.-C.
2 – l'intérieur de la maison, les aîtres (disposition des pièces).
3 – la façade.
4 – même minuscule, si seulement elle pouvait être pleine de vrais amis.
5 – fou celui qui le croit.

Origine : Phèdre

LIVRE V

Le Pot de terre et le Pot de fer

Le Pot de fer proposa
Au Pot de terre un voyage.
Celui-ci s'en excusa,
Disant qu'il ferait que sage[1]
De garder le coin du feu :
Car il lui fallait si peu,
Si peu, que la moindre chose
De son débris serait cause[2].
Il n'en reviendrait morceau.
« Pour vous, dit-il, dont la peau
  Est plus dure que la mienne,
  Je ne vois rien qui vous tienne[3].
  — Nous vous mettrons à couvert,
Repartit[4] le Pot de fer.
Si quelque matière dure
Vous menace d'aventure[5],
Entre deux je passerai,
Et du coup vous sauverai. »
Cette offre le persuade.
Pot de fer son camarade
Se met droit à ses côtés.
Mes gens s'en vont à trois pieds[6],
Clopin-clopant[7] comme ils peuvent,

L'un contre l'autre jetés[8]
Au moindre hoquet[9] qu'ils treuvent[10].
Le Pot de terre en souffre ; il n'eut pas fait cent pas
Que par son compagnon il fut mis en éclats,
        Sans qu'il eût lieu de se plaindre.
Ne nous associons qu'avecque[11] nos égaux,
        Ou bien il nous faudra craindre
        Le destin d'un de ces Pots.

---

1 – qu'il serait plus sage.
2 – La moindre chose pourrait le briser.
3 – qui vous retienne.
4 – répondit.
5 – par hasard.
6 – Les pots, à l'époque, reposent sur trois pieds.
7 – avec une démarche de boiteux.
8 – jetés l'un contre l'autre.
9 – cahot, obstacle.
10 – qu'ils trouvent, qu'ils rencontrent.
11 – ancienne orthographe de la préposition « avec ».

Origine : Ésope

Le Petit Poisson et le Pêcheur

Petit Poisson deviendra grand,
Pourvu que Dieu lui prête vie.
Mais le lâcher en attendant,
Je tiens pour moi que c'est folie[1] ;
Car de le rattraper il n'est pas trop certain[2]
Un Carpeau[3] qui n'était encore que fretin[4]
Fut pris par un Pêcheur au bord d'une rivière.
« Tout fait nombre, dit l'homme en voyant son butin ;
Voilà commencement de chère[5] et de festin :
Mettons-le en notre gibecière. »
Le pauvre carpillon lui dit en sa manière :
« Que ferez-vous de moi ? Je ne saurais fournir
Au plus qu'une demi-bouchée ;
Laissez-moi carpe devenir ;
Je serai par vous repêchée[6].
Quelque gros partisan[7] m'achètera bien cher,
Au lieu qu'il vous en faut chercher
Peut-être encor cent de ma taille
Pour faire un plat. Quel plat ! croyez-moi, rien qui
vaille.
– Rien qui vaille ! Eh bien soit, repartit le Pêcheur ;
Poisson, mon bel ami, qui faites le prêcheur[8],
Vous irez dans la poêle ; et vous avez beau dire,

Dès ce soir on vous fera frire. »

Un Tiens vaut, ce dit-on, mieux que deux Tu
l'auras[9] :
    L'un est sûr, l'autre ne l'est pas.

---

1 – C'est une folie, une erreur de le remettre à l'eau, de le lâcher après
l'avoir pêché.
2 – On n'est pas sûr de le rattraper.
3 – une petite carpe.
4 – trop petit poisson, sans valeur.
5 – de bonne chère, de festin réjouissant ; « faire bonne chère », c'est
faire bonne tête, bon visage au cours d'un bon repas – « chère » vient
de *kara*, en grec, qui signifie « visage ».
6 – Laissez-moi devenir une carpe, je serai repêchée par vous.
7 – financier, homme riche.
8 – qui faites de beaux discours.
9 – Il vaut mieux conserver une chose de façon certaine plutôt que de
l'abandonner dans l'espoir d'en posséder deux, ou bien une
meilleure.

Origine : *Ésope*

Le Laboureur et ses Enfants

Travaillez, prenez de la peine :
  C'est le fonds qui manque le moins[1].
Un riche Laboureur, sentant sa mort prochaine,
Fit venir ses Enfants, leur parla sans témoins.
« Gardez-vous, leur dit-il, de vendre l'héritage
  Que nous ont laissé nos parents.
  Un trésor est caché dedans.
Je ne sais pas l'endroit ; mais un peu de courage
Vous le fera trouver, vous en viendrez à bout.
Remuez votre champ dès qu'on aura fait l'oût[2].
Creusez, fouillez, bêchez ; ne laissez nulle place
  Où la main ne passe et repasse. »
Le père mort, les fils vous retournent le champ
Deçà, delà, partout ; si bien qu'au bout de l'an
  Il en rapporta davantage.
D'argent, point de caché[3]. Mais le père fut sage
  De leur montrer avant sa mort
  Que le travail est un trésor.

---

1 – Le travail est un bien – un fonds – toujours disponible.
2 – la moisson, en général en août (orthographié « oût » à l'époque).
3 – Pas d'argent de caché.
Origine : Ésope

La Montagne qui accouche

Une Montagne en mal d'enfant[1]
Jetait une clameur si haute,
Que chacun au bruit accourant[2]
Crut qu'elle accoucherait sans faute
D'une cité plus grosse que Paris :
Elle accoucha d'une Souris.

Quand je songe à cette fable,
Dont le récit est menteur[3]
Et le sens est véritable,
Je me figure un auteur
Qui dit : « Je chanterai la guerre
Que firent les Titans au maître du tonnerre[4]. »
C'est promettre beaucoup : mais qu'en sort-il souvent?
         Du vent.

---

1 – prise des douleurs de l'accouchement.
2 – accourant au bruit qu'elle faisait.
3 – dont le récit est une invention.
4 – Jupiter, maître du tonnerre chez les Romains, foudroya les Titans, géants qui voulaient s'emparer de son royaume.

Origine : Phèdre

La Poule aux œufs d'or

L'avarice perd tout en voulant tout gagner.
     Je ne veux, pour le témoigner[1],
Que celui dont la Poule, à ce que dit la fable[2],
     Pondait tous les jours un œuf d'or.
Il crut que dans son corps elle avait un trésor.
Il la tua, l'ouvrit, et la trouva semblable
À celles dont les œufs ne lui rapportaient rien,
S'étant lui-même ôté le plus beau de son bien.
     Belle leçon pour les gens chiches[3] :
Pendant ces derniers temps, combien en a-t-on vus,
Qui du soir au matin sont pauvres devenus,
     Pour vouloir trop tôt être riches ?

---

1 – pour en témoigner.
2 – à ce que raconte l'histoire.
3 – avares.

Origine : Ésope

L'Âne portant des reliques

Un Baudet chargé de reliques[1]
S'imagina qu'on l'adorait.
Dans ce penser[2] il se carrait[3],
Recevant comme siens l'encens et les cantiques[4].
Quelqu'un vit l'erreur, et lui dit :
« Maître Baudet, ôtez-vous de l'esprit
Une vanité si folle.
Ce n'est pas vous, c'est l'idole
À qui cet honneur se rend[5],
Et que la gloire en est due. »
D'un magistrat ignorant
C'est la robe qu'on salue[6].

---

1 – restes d'un saint personnage vénéré.
2 – dans cette pensée, dans cette conviction personnelle.
3 – Il marchait avec affectation, avec importance.
4 – prenant pour lui l'encens et les chants sacrés.
5 – à qui on rend cet honneur.
6 – On salue la robe d'un magistrat ignorant, on respecte l'apparence, l'image qui cache le vide et l'incompétence.

Origine : Ésope

L'Ours et les deux Compagnons

Deux compagnons pressés d'argent
À leur voisin Fourreur vendirent
La peau d'un Ours encor vivant,
Mais qu'ils tueraient bientôt, du moins à ce qu'ils dirent.
C'était le Roi des Ours au compte[1] de ces gens.
Le marchand à sa peau[2] devait faire fortune.
Elle garantirait des froids les plus cuisants,
On en pourrait fourrer plutôt deux robes qu'une.
Dindenaut[3] prisait moins ses Moutons qu'eux leur Ours :
Leur, à leur compte, et non à celui de la bête.
S'offrant de la livrer au plus tard dans deux jours,
Ils conviennent de prix, et se mettent en quête,
Trouvent l'Ours qui s'avance, et vient vers eux au trot.
Voilà mes gens frappés comme d'un coup de foudre.
Le marché ne tint pas ; il fallut le résoudre[4] :
D'intérêts contre l'Ours[5], on n'en dit pas un mot.
L'un des deux Compagnons grimpe au faîte[6] d'un arbre ;
        L'autre, plus froid que n'est un marbre,
Se couche sur le nez, fait le mort, tient son vent[7],
        Ayant quelque part ouï dire[8]
        Que l'Ours s'acharne peu souvent
Sur un corps qui ne vit, ne meut[9], ni ne respire.
Seigneur Ours, comme un sot, donna dans ce panneau[10].

Il voit ce corps gisant[11], le croit privé de vie,
        Et de peur de supercherie
Le tourne, le retourne, approche son museau,
        Flaire aux passages de l'haleine.
« C'est, dit-il, un cadavre ; ôtons-nous, car il sent. »
À ces mots, l'Ours s'en va dans la forêt prochaine.
L'un de nos deux Marchands de son arbre descend[12],
Court à son compagnon, lui dit que c'est merveille
Qu'il n'ait eu seulement que la peur pour tout mal.
« Eh bien, ajouta-t-il, la peau de l'animal ?
        Mais que t'a-t-il dit à l'oreille ?
        Car il t'approchait de bien près,
        Te retournant avec sa serre.
        — Il m'a dit qu'il ne faut jamais
Vendre la peau de l'Ours qu'on ne l'ait mis par terre[13]. »

---

1 – On écrivait alors indifféremment « conte » ou « compte » pour désigner une histoire ; « au compte de ces gens » signifie selon l'histoire qu'ils contaient, selon leurs dires.

2 – avec cette peau.

3 – Dans le *Quart Livre* de Rabelais, le personnage Dindenaut vante à l'excès ses moutons auprès de Panurge qui s'en agace. Ici, les compagnons vantent encore davantage leur ours.

4 – l'annuler.

5 – pas question de demander des dédommagements à l'ours pour rupture de contrat…

6 – au sommet.

7 – sa respiration.

8 – entendu dire.
9 – ne bouge.
10 – dans ce piège.
11 – étendu, allongé.
12 – descend de son arbre.
13 – avant qu'on ne l'ait mis par terre.

Origine : Ésope

LIVRE VI

Phébus[1] et Borée[2]

Borée et le soleil virent un voyageur
       Qui s'était muni par bonheur
Contre le mauvais temps. On entrait dans l'automne,
Quand la précaution aux voyageurs est bonne[3] :
Il pleut, le soleil luit, et l'écharpe d'Iris[4]
       Rend ceux qui sortent avertis
Qu'en ces mois le manteau leur est fort nécessaire ;
Les Latins les nommaient douteux, pour cette affaire[5].
Notre homme s'était donc à la pluie attendu[6] :
Bon manteau bien doublé, bonne étoffe bien forte.
« Celui-ci, dit le Vent, prétend avoir pourvu
À tous les accidents[7] ; mais il n'a pas prévu
       Que je saurai souffler de sorte
Qu'il n'est bouton qui tienne : il faudra, si je veux,
       Que le manteau s'en aille au diable.
L'ébattement[8] pourrait nous en être agréable :
Vous plaît-il de l'avoir ? – Eh bien, gageons[9] nous deux,
       Dit Phébus, sans tant de paroles,
À qui plus tôt aura dégarni les épaules
       Du Cavalier que nous voyons.
Commencez. Je vous laisse obscurcir mes rayons. »
Il n'en fallut pas plus. Notre souffleur à gage[10]
Se gorge de vapeurs, s'enfle comme un ballon,

Fait un vacarme de démon,
Siffle, souffle, tempête, et brise en son passage
Maint[11] toit qui n'en peut mais[12], fait périr maint bateau :
Le tout au sujet d'un manteau.
Le Cavalier eut soin d'empêcher que l'orage
Ne se pût engouffrer dedans[13].
Cela le préserva. Le Vent perdit son temps :
Plus il se tourmentait[14], plus l'autre tenait ferme ;
Il eut beau faire agir le collet[15] et les plis.
Sitôt qu'il fut au bout du terme[16]
Qu'à la gageure[17] on avait mis,
Le Soleil dissipe la nue,
Récrée[18] et puis pénètre enfin le Cavalier,
Sous son balandras[19] fait qu'il sue,
Le contraint de s'en dépouiller :
Encor n'usa-t-il pas de toute sa puissance.
Plus fait douceur que violence.

---

1 – le soleil : Phébus est l'autre nom d'Apollon, dieu de la lumière.
2 – vent du nord.
3 – quand il est bon que les voyageurs prennent des précautions contre les intempéries.
4 – l'arc-en-ciel : Iris, dans la mythologie grecque, est la messagère des dieux qui prend la forme de l'arc-en-ciel.
5 – Les Latins jugeaient ces mois peu sûrs, pour cette raison.
6 – Notre homme s'était attendu à la pluie.
7 – avoir pensé à tous les imprévus.

8 – Le divertissement consistant à ôter le manteau du voyageur.
9 – parions.
10 – qui respecte son pari.
11 – un grand nombre de toits.
12 – qui n'en peut plus.
13 – que l'orage ne puisse s'engouffrer à l'intérieur.
14 – plus il s'agitait.
15 – tenter d'enlever le petit col qui est attaché autour du cou, au-dessus du manteau lui-même.
16 – temps.
17 – pari ; on prononce « gajur » et non « gajeur ».
18 – réveille et divertit en réchauffant.
19 – manteau de campagne dont l'étoffe est doublée.

Origine : Ésope

Le Cochet[1], le Chat et le Souriceau

Un Souriceau tout jeune, et qui n'avait rien vu,
    Fut presque pris au dépourvu[2].
Voici comme il conta l'aventure à sa mère :
« J'avais franchi les monts qui bornent cet État,
    Et trottais comme un jeune rat
    Qui cherche à se donner carrière[3],
Lorsque deux animaux m'ont arrêté les yeux :
    L'un doux, bénin[4] et gracieux,
Et l'autre turbulent, et plein d'inquiétude[5].
    Il a la voix perçante et rude,
    Sur la tête un morceau de chair,
Une sorte de bras dont il s'élève en l'air
    Comme pour prendre sa volée[6],
    La queue en panache étalée[7]. »
Or c'était un Cochet dont notre souriceau
    Fit à sa mère le tableau,
Comme d'un animal venu de l'Amérique.
« Il se battait, dit-il, les flancs avec ses bras,
    Faisant tel bruit et tel fracas,
Que moi, qui, grâce aux dieux, de courage me pique[8],
    En ai pris la fuite de peur,
    Le maudissant de très bon cœur.
    Sans lui j'aurais fait connaissance

Avec cet animal qui m'a semblé si doux.
        Il est velouté comme nous,
Marqueté, longue queue, une humble contenance,
Un modeste regard, et pourtant l'œil luisant :
        Je le crois fort sympathisant
Avec Messieurs les Rats ; car il a des oreilles
        En figure aux nôtres pareilles[9].
Je l'allais aborder, quand d'un son plein d'éclat
        L'autre m'a fait prendre la fuite.
— Mon fils, dit la Souris, ce doucet[10] est un Chat,
        Qui, sous son minois hypocrite,
        Contre toute ta parenté
        D'un malin vouloir est porté[11].
        L'autre animal, tout au contraire,
        Bien éloigné de nous mal faire[12],
Servira quelque jour peut-être à nos repas.
Quant au chat, c'est sur nous qu'il fonde sa cuisine.
        Garde-toi, tant que tu vivras,
        De juger des gens sur la mine[13]. »

---

1 – petit coq.
2 – pris à l'improviste, sans l'avoir prévu, par surprise.
3 – qui cherche à se placer dans le monde.
4 – plein de bonté. ·
5 – turbulent.
6 – comme pour s'envoler.

7 – la queue étalée en panache.

8 – me vante ; je me vante d'avoir du courage.

9 – comme les nôtres.

10 – à la fois doux et hypocrite.

11 – est plein de mauvaises intentions, de haine contre ta parenté.

12 – de nous faire du mal.

13 – de juger à propos des gens, de porter un jugement au sujet des gens sur leur apparence.

Origine : *Verdizotti*

Le Cerf se voyant dans l'eau

Dans le cristal d'une fontaine
Un cerf se mirant autrefois
Louait la beauté de son bois[1],
Et ne pouvait qu'avecque[2] peine
Souffrir ses jambes de fuseaux[3],
Dont il voyait l'objet[4] se perdre dans les eaux.
« Quelle proportion de mes pieds à ma tête ! »
Disait-il en voyant leur ombre[5] avec douleur :
« Des taillis les plus hauts mon front atteint le faîte[6] ;
    Mes pieds ne me font point d'honneur. »
    Tout en parlant de la sorte,
    Un limier[7] le fait partir.
    Il tâche à se garantir[8] ;
    Dans les forêts il s'emporte[9].
    Son bois, dommageable ornement,
    L'arrêtant à chaque moment,
    Nuit à l'office[10] que lui rendent
    Ses pieds, de qui ses jours dépendent.
Il se dédit[11] alors, et maudit les présents
    Que le Ciel lui fait tous les ans.[12]

Nous faisons cas du beau, nous méprisons l'utile ;
    Et le beau souvent nous détruit.

Ce cerf blâme ses pieds qui le rendent agile ;
    Il estime un bois qui lui nuit.

---

1 – cornes qui tombent chaque année, en février pour les plus âgés,
au printemps pour les plus jeunes.
2 – ancienne orthographe de la préposition « avec ».
3 – supporter la vue de ses jambes minces comme des fuseaux.
4 – l'image.
5 – le reflet.
6 – Mon front atteint le sommet, le faîte des taillis les plus hauts.
7 – Un chien de chasse qui, à l'origine, était tenu en laisse, « lime »
étant l'ancienne forme de « lien ».
8 – Il essaie de se mettre à l'abri.
9 – Il s'élance.
10 – au service
11 – Il se contredit.
12 – Il maudit ses cornes qui repoussent chaque année.

Origine : Ésope

Le Lièvre et la Tortue

Rien ne sert de courir ; il faut partir à point[1].
Le Lièvre et la Tortue en sont un témoignage.
«Gageons[2], dit celle-ci, que vous n'atteindrez point
Sitôt que moi ce but[3]. – Sitôt ? Êtes-vous sage ?
   Repartit l'animal léger :
   Ma commère, il vous faut purger
   Avec quatre grains d'ellébore[4].
   – Sage ou non, je parie encore. »
   Ainsi fut fait ; et de tous deux
   On mit près du but les enjeux[5] :
   Savoir quoi, ce n'est pas l'affaire,
   Ni de quel juge l'on convint.
Notre Lièvre n'avait que quatre pas à faire ;
J'entends de ceux qu'il fait lorsque, prêt d'être atteint,
Il s'éloigne des chiens, les renvoie aux calendes[6],
   Et leur fait arpenter les landes.
Ayant, dis-je, du temps de reste pour brouter,
   Pour dormir, et pour écouter
  D'où vient le vent, il laisse la Tortue
   Aller son train de sénateur[7].
   Elle part, elle s'évertue ;
   Elle se hâte avec lenteur.
Lui cependant méprise une telle victoire,

Tient la gageure[8] à peu de gloire[9],
Croit qu'il y va de son honneur
De partir tard. Il broute, il se repose,
Il s'amuse à toute autre chose
Qu'à la gageure. À la fin, quand il vit
Que l'autre touchait presque au bout de la carrière[10],
Il partit comme un trait ; mais les élans qu'il fit
Furent vains : la Tortue arriva la première.
« Eh bien ! lui cria-t-elle, avais-je pas raison[11] ?
De quoi[12] vous sert votre vitesse ?
Moi, l'emporter ! et que serait-ce
Si vous portiez une maison ? »

---

1 – à temps.

2 – parions.

3 – que vous n'atteindrez point avant moi ce but.

4 – L'ellébore (ou hellébore) est une plante dont la racine était utilisée comme purgatif. Lorsqu'un homme était un peu dérangé mentalement, un peu fou, on disait qu'il avait besoin de deux grains d'ellébore (ici, le lièvre en conseille quatre à la tortue…).

5 – la somme d'argent ou les objets offerts au gagnant, le lièvre ou la tortue.

6 – Ici, La Fontaine sous-entend : aux calendes grecques. Les calendes étaient le premier jour du mois chez les Romains. « Renvoyer quelqu'un aux calendes grecques », c'est s'en débarrasser puisque les calendes n'existaient pas chez les Grecs.

7 – à l'allure d'un sénateur, souvent un vieil homme lent et grave.

8 – le pari.

9 – Il trouve que le pari n'ajoutera presque rien à sa gloire d'animal rapide.

10 – au terme du parcours.
11 – n'avais-je pas raison ; la négation complète « ne… pas » n'était pas obligatoire à la tournure interrogative.
12 – à quoi.

Origine : *Ésope*

Anecdote

La Fontaine, mari peu empressé, laissa vivre sous son toit, pendant ses nombreuses absences, l'un de ses cousins, le capitaine Poignant. Les bourgeois de Chaury eurent tôt fait d'imaginer une liaison entre Madame de La Fontaine et le fringant militaire. Ils conseillèrent au mari probablement trompé de régler l'affaire par un duel. Il y consentit, mais le duel fut de pure forme — même si La Fontaine reçut au flanc une légère éraflure. À l'issue du duel, La Fontaine émit le souhait que le capitaine continuât de demeurer sous son toit, faute de quoi, lui dit-il, il exigerait un nouveau combat…

Le Villageois et le Serpent

Ésope conte qu'un Manant[1],
Charitable autant que peu sage,
Un jour d'hiver se promenant
À l'entour de son héritage[2],
Aperçut un Serpent sur la neige étendu,
Transi, gelé, perclus[3], immobile rendu,
N'ayant pas à vivre un quart d'heure.
Le Villageois le prend, l'emporte en sa demeure,
Et sans considérer quel sera le loyer[4]
D'une action de ce mérite,
Il l'étend le long du foyer,
Le réchauffe, le ressuscite.
L'Animal engourdi sent à peine le chaud,
Que l'âme lui revient avecque[5] la colère.
Il lève un peu la tête, et puis siffle aussitôt ;
Puis fait un long repli, puis tâche à faire un saut
Contre son bienfaiteur, son sauveur et son père.
« Ingrat, dit le Manant, voilà donc mon salaire ?
Tu mourras. » À ces mots, plein de juste courroux,
Il vous prend sa cognée, il vous tranche la bête[6],
Il fait trois Serpents de deux coups,
Un tronçon, la queue, et la tête.
L'insecte[7] sautillant cherche à se réunir,

Mais il ne put y parvenir.

Il est bon d'être charitable ;
Mais envers qui ? C'est là le point[8].
Quant aux ingrats, il n'en est point
Qui ne meure enfin misérable.

---

1 – un paysan.
2 – de ses champs
3 – incapable de bouger.
4 – le bénéfice, la récompense.
5 – avec.
6 – Il prend sa hache, il tranche la bête – les « vous » sont des pronoms de renfort.
7 – On appelait « insectes » les animaux qui survivaient après avoir été coupés en plusieurs parties. « Insecte » signifie « coupé » (de *insecare* en latin : « couper »), le corps des insectes étant composé d'une succession de parties étranglées, presque sectionnées.
8 – la difficulté.

Origine : Ésope

Le Chartier[1] embourbé

Le Phaéton[2] d'une voiture à foin
Vit son char embourbé. Le pauvre homme était loin
De tout humain secours. C'était à la campagne
Près d'un certain canton de la Basse-Bretagne,
    Appelé Quimpercorentin[3].
    On sait assez que le Destin
Adresse là les gens quand il veut qu'on enrage.
    Dieu nous préserve du voyage !
Pour venir au Chartier embourbé dans ces lieux,
Le voilà qui déteste[4] et jure de son mieux,
    Pestant en sa fureur extrême
Tantôt contre les trous, puis contre ses chevaux,
    Contre son char, contre lui-même.
Il invoque à la fin le dieu dont les travaux
    Sont si célèbres dans le monde :
« Hercule, lui dit-il, aide-moi. Si ton dos
    A porté la machine ronde[5],
    Ton bras peut me tirer d'ici. »
Sa prière étant faite, il entend dans la nue
    Une voix qui lui parle ainsi :
    « Hercule veut qu'on se remue ;
Puis il aide les gens. Regarde d'où provient
    L'achoppement[6] qui te retient.

Ôte d'autour de chaque roue
Ce malheureux mortier, cette maudite boue
    Qui jusqu'à l'essieu les enduit[7].
Prends ton pic et me romps ce caillou qui te nuit[8].
Comble-moi cette ornière. As-tu fait[9] ? – Oui, dit
l'homme.
– Or bien je vas[10] t'aider, dit la voix : prends ton fouet.
– Je l'ai pris. Qu'est ceci ? mon char marche à souhait[11].
Hercule en soit loué ! » Lors la voix : « Tu vois comme
Tes chevaux aisément se sont tirés de là.

    Aide-toi, le Ciel t'aidera. »

---

1 – On pouvait écrire alors : « charretier » ou « chartier » pour désigner
le conducteur d'une charrette.
2 – Phaéton était, dans la mythologie grecque, le fils du soleil. Un jour,
il eut la permission de conduire le char de son père, mais il faillit
mettre le feu à toute la terre ; son père le punit en le foudroyant.
Phaéton est ici employé ironiquement.
3 – Quimper, dans l'actuel Finistère, était la ville où l'on envoyait
ceux qui avaient déplu au roi, religieux ou juges, dont la pensée ou
les partis pris ne convenaient pas à ce qu'on attendait d'eux.
4 – Il crie des injures.
5 – la Terre et le Ciel : Hercule avait soulagé le titan Atlas en portant
quelques temps le monde sur ses épaules.
6 – l'obstacle.
7 – qui les enduit jusqu'à l'essieu.
8 – et casse ce caillou qui t'empêche d'avancer.
9 – Est-ce fait ?
10 – Je vais.
11 – comme il faut.

                                      Origine : Ésope

LIVRE VII

Les Animaux malades de la peste

Un mal qui répand la terreur,
Mal que le ciel en sa fureur
Inventa pour punir les crimes de la terre,
La peste (puisqu'il faut l'appeler par son nom),
Capable d'enrichir en un jour l'Achéron[1],
Faisait aux animaux la guerre.
Ils ne mouraient pas tous, mais tous étaient frappés :
On n'en voyait point d'occupés
À chercher le soutien d'une mourante vie ;
Nul mets n'excitait leur envie ;
Ni loups ni renards n'épiaient
La douce et l'innocente proie.
Les tourterelles se fuyaient :
Plus d'amour, partant[2] plus de joie.
Le Lion tint conseil, et dit : « Mes chers amis,
Je crois que le Ciel a permis
Pour nos péchés cette infortune[3] ;
Que le plus coupable de nous
Se sacrifie aux traits du céleste courroux[4],
Peut-être il obtiendra la guérison commune.
L'histoire nous apprend qu'en de tels accidents
On fait de pareils dévouements[5] :
Ne nous flattons[6] donc point ; voyons sans indulgence

                L'état de notre conscience
Pour moi, satisfaisant mes appétits gloutons
            J'ai dévoré force moutons.
                Que m'avaient-ils fait ? Nulle offense[7] :
Même il m'est arrivé quelquefois de manger
                Le berger.
Je me dévouerai donc, s'il le faut ; mais je pense
Qu'il est bon que chacun s'accuse ainsi que moi :
Car on doit souhaiter selon toute justice
            Que le plus coupable périsse.
– Sire, dit le Renard, vous êtes trop bon roi ;
Vos scrupules font voir trop de délicatesse[8].
Eh bien, manger moutons, canaille, sotte espèce,
Est-ce un péché ? Non, non. Vous leur fîtes, Seigneur,
            En les croquant, beaucoup d'honneur.
            Et quant au berger l'on peut dire
                Qu'il était digne de tous maux,
Étant de ces gens-là qui sur les animaux
                Se font un chimérique empire. »
Ainsi dit le Renard, et flatteurs d'applaudir[9].
            On n'osa trop approfondir
Du tigre, ni de l'ours, ni des autres puissances,
            Les moins pardonnables offenses.
Tous les gens querelleurs, jusqu'aux simples mâtins[10],
Au dire de chacun, étaient de petits saints.

L'Âne vint à son tour, et dit : « J'ai souvenance[11]
      Qu'en un pré de moines passant,
La faim, l'occasion, l'herbe tendre, et, je pense,
      Quelque diable aussi me poussant,
Je tondis de ce pré la largeur de ma langue.
Je n'en avais nul droit, puisqu'il faut parler net. »
À ces mots on cria haro[12] sur le baudet.
Un Loup quelque peu clerc prouva par sa harangue[13]
Qu'il fallait dévouer[14] ce maudit animal,
Ce pelé, ce galeux, d'où venait tout leur mal.
Sa peccadille[15] fut jugée un cas pendable.
Manger l'herbe d'autrui ! quel crime abominable[16] !
      Rien que la mort n'était capable
D'expier son forfait : on le lui fit bien voir[17].
Selon que vous serez puissant ou misérable,
Les jugements de cour vous rendront blanc ou noir[18].

---

1 – fleuve des enfers dans la mythologie.
2 – par conséquent.
3 – malchance.
4 – de la colère des dieux qui ont envoyé l'épidémie de peste pour punir les hommes de leurs fautes.
5 – En cas de grand péril, on pouvait chez les Grecs et chez les Romains sacrifier quelqu'un pour le salut de tous.
6 – Ne nous excusons point.
7 – aucun tort.
8 – trop de scrupules.
9 – et les flatteurs applaudirent.

10 – gros chiens de ferme.

11 – j'ai l'agréable souvenir.

12 – Dans le droit normand, c'était un cri poussé par la victime lors d'un flagrant délit afin d'obtenir de l'aide et des témoins. Ici, c'est une clameur hostile qui s'élève, une réprobation générale.

13 – son discours.

14 – sacrifier.

15 – son petit péché.

16 – Ce n'est évidemment pas un crime et encore moins un crime abominable. Mais les plus forts en décident ainsi afin de sacrifier le plus faible d'entre eux.

17 – Il fut exécuté.

18 – Souvent, les coupables puissants sortent des cours de justice blanchis, innocentés de leurs crimes ; les pauvres et misérables peuvent subir de lourdes peines pour des fautes insignifiantes.

Origine : Sermonnaires – Les sermonnaires sont des recueils de sermons qu'écoutent les fidèles dans les églises, et qui regorgent de petites histoires destinées à édifier le peuple.

Le Héron

Un jour, sur ses longs pieds, allait, je ne sais où
Le Héron au long bec emmanché d'un long cou.
      Il côtoyait une rivière.
L'onde[1] était transparente ainsi qu'aux plus beaux jours ;
Ma commère la Carpe y faisait mille tours
      Avec le Brochet son compère.
Le Héron en eût fait aisément son profit[2] :
Tous approchaient du bord, l'Oiseau n'avait qu'à prendre ;
      Mais il crut mieux faire d'attendre
      Qu'il eût un peu plus d'appétit.
Il vivait de régime[3], et mangeait à ses heures[4].
Après quelques moments, l'appétit vint : l'Oiseau,
      S'approchant du bord vit sur l'eau
Des Tanches qui sortaient du fond de ces demeures.
Le mets ne lui plut pas ; il s'attendait à mieux,
      Et montrait un goût dédaigneux
      Comme le rat du bon Horace[5].
« Moi, des Tanches ? dit-il ; moi Héron que je fasse
Une si pauvre chère[6] ? Et pour qui me prend-on ? »
La Tanche rebutée[7], il trouva du goujon.
« Du goujon ! c'est bien là le dîner d'un Héron !
J'ouvrirais pour si peu le bec[8] ! Aux Dieux ne plaise ! »
Il l'ouvrit pour bien moins : tout alla de façon

Qu'il ne vit plus aucun poisson.
La faim le prit, il fut tout heureux et tout aise
De rencontrer un limaçon.

Ne soyons pas si difficiles :
Les plus accommodants[9], ce sont les plus habiles ;
On hasarde de perdre en voulant trop gagner.
Gardez-vous de rien dédaigner. […]

---

1 – l'eau.
2 – Le héron en aurait fait facilement son repas.
3 – Son alimentation était soumise à un régime.
4 – à certaines heures.
5 – Dans l'une de ses courtes histoires, Horace, le poète latin
(65 – 8 av. J.-C.), montre un rat des villes qui méprise le rat des
champs.
6 – un si pauvre repas.
7 – rejetée.
8 – Je n'ouvrirai pas le bec pour si peu.
9 – conciliants.

Origine : Abstemius

Le Coche[1] et la Mouche

Dans un chemin montant, sablonneux, malaisé[2],
Et de tous les côtés au soleil exposé[3],
      Six forts chevaux tiraient un Coche.
Femmes, moine, vieillards, tout était descendu.
L'attelage suait, soufflait, était rendu[4].
Une Mouche survient, et des chevaux s'approche[5],
Prétend les animer par son bourdonnement ;
Pique l'un, pique l'autre, et pense à tout moment
      Qu'elle fait aller la machine,
S'assied sur le timon, sur le nez du cocher.
      Aussitôt que le char chemine,
      Et qu'elle voit les gens marcher,
Elle s'en attribue uniquement la gloire,
Va, vient, fait l'empressée ; il semble que ce soit
Un sergent de bataille[6] allant en chaque endroit
Faire avancer ses gens et hâter la victoire.
      La Mouche en ce commun besoin
Se plaint qu'elle agit seule, et qu'elle a tout le soin ;
Qu'aucun n'aide aux chevaux à se tirer d'affaire.
      Le moine disait son bréviaire[7] ;
Il prenait bien son temps ! Une femme chantait ;
C'était bien de chansons qu'alors il s'agissait !
Dame Mouche s'en va chanter à leurs oreilles,

Et fait cent sottises pareilles.
Après bien du travail, le Coche arrive au haut.
« Respirons maintenant, dit la Mouche aussitôt :
J'ai tant fait que nos gens sont enfin dans la plaine.
Çà[8], Messieurs les Chevaux, payez-moi de ma peine. »

Ainsi certaines gens, faisant les empressés,
        S'introduisent dans les affaires :
            Ils font partout les nécessaires[9],
Et, partout importuns[10], devraient être chassés.

---

1 – voiture de transport à quatre roues, diligence.
2 – difficilement praticable.
3 – exposé au soleil.
4 – n'en pouvait plus.
5 – s'approche des chevaux.
6 – À l'époque de La Fontaine, c'était un officier qui, le jour du combat, rangeait les troupes en ordre de bataille.
7 – livre de prières des prêtres et religieux catholiques.
8 – « Çà », avec un accent, signifie « ici » ; « ça » sans accent est la contraction de « cela » ; ici, messieurs les chevaux…
9 – Ils se comportent partout comme s'ils étaient indispensables.
10 – gêneurs, encombrants.

Origine : Abstemius

La Laitière et le Pot au lait

Perrette, sur sa tête ayant un Pot au lait
    Bien posé sur un coussinet,
Prétendait arriver sans encombre à la ville.
Légère et court vêtue, elle allait à grands pas,
Ayant mis ce jour-là, pour être plus agile,
    Cotillon[1] simple, et souliers plats.
    Notre laitière ainsi troussée[2]
    Comptait déjà dans sa pensée
Tout le prix de son lait, en employait l'argent,
Achetait un cent d'œufs[3], faisait triple couvée[4] ;
La chose allait à bien par son soin diligent[5].
    « Il m'est, disait-elle, facile,
D'élever des poulets autour de ma maison :
    Le Renard sera bien habile,
S'il ne m'en laisse assez pour avoir un cochon[6].
Le porc à s'engraisser coûtera peu de son ;
Il était quand je l'eus[7] de grosseur raisonnable :
J'aurai le revendant de l'argent bel et bon.
Et qui m'empêchera de mettre en notre étable,
Vu le prix dont il est, une vache et son veau,
Que je verrai sauter au milieu du troupeau ? »
Perrette là-dessus saute aussi, transportée[8].
Le lait tombe ; adieu veau, vache, cochon, couvée ;

La dame de ces biens, quittant d'un œil marri[9]
    Sa fortune ainsi répandue,
    Va s'excuser à son mari
    En grand danger d'être battue.
    Le récit en farce en fut fait ;
    On l'appela le *Pot au lait*.

    Quel esprit ne bat la campagne[10] ?
    Qui ne fait châteaux en Espagne[11] ?
Picrochole[12], Pyrrhus[13], la Laitière, enfin tous,
    Autant les sages que les fous ?
Chacun songe en veillant, il n'est rien de plus doux ;
Une flatteuse erreur emporte alors nos âmes :
    Tout le bien du monde est à nous,
    Tous les honneurs, toutes les femmes.
Quand je suis seul, je fais au plus brave un défi ;
Je m'écarte[14], je vais détrôner le Sophi[15] ;
    On m'élit roi, mon peuple m'aime ;
Les diadèmes vont sur ma tête pleuvant[16] :
Quelque accident fait-il que je rentre en moi-même ;
    Je suis Gros-Jean comme devant.

---

1 – jupe de dessous.
2 – habillée.
3 – cent œufs.

4 – À partir des cent œufs, elle faisait trois couvées – une couvée de poule se limite à quinze œufs…

5 – Son projet se déroulait dans les meilleures conditions grâce à ses soins attentifs.

6 – Le renard est habile, mais pas assez pour manger tous les poulets ; il en restera toujours assez pour acheter un cochon.

7 – Perrette, dans son rêve éveillé, se voit déjà propriétaire du cochon, elle en parle au passé.

8 – transportée de joie.

9 – désolé.

10 – Quel esprit ne se laisse aller à rêver.

11 – «faire des châteaux en Espagne», c'est nourrir des rêves irréalisables.

12 – Picrochole est un personnage de Rabelais dans *Gargantua*. Dans *Vies parallèles des hommes illustres*, le philosophe Plutarque 46 – 125) raconte la vie de Pyrrhus. Picrochole et Pyrrhus rêvent de conquêtes extraordinaires.

13 – Je m'égare.

14 – le souverain de Perse.

15 – Les diadèmes, les couronnes s'accumulent sur ma tête.

16 – Le Gros-Jean dans le parler populaire est le paysan un peu sot, stupide. «Je suis Gros-Jean comme devant» signifie : je suis aussi stupide qu'avant.

Origine : Bonaventure des Périers

Les deux Coqs

Deux Coqs vivaient en paix ; une Poule survint,
    Et voilà la guerre allumée.
Amour, tu perdis Troie[1] ; et c'est de toi que vint
    Cette querelle envenimée,
Où du sang des Dieux même on vit le Xanthe teint[2].
Longtemps entre nos Coqs le combat se maintint[3] :
Le bruit s'en répandit par tout le voisinage.
La gent qui porte crête[4] au spectacle accourut[5] :
    Plus d'une Hélène au beau plumage
Fut le prix du vainqueur. Le vaincu disparut.
Il alla se cacher au fond de sa retraite,
    Pleura sa gloire et ses amours,
Ses amours qu'un rival tout fier de sa défaite
Possédait à ses yeux. Il voyait tous les jours
Cet objet rallumer sa haine et son courage.
Il aiguisait son bec, battait l'air et ses flancs,
    Et s'exerçant contre les vents
    S'armait d'une jalouse rage.
Il n'en eut pas besoin. Son vainqueur sur les toits
    S'alla percher, et chanter sa victoire.
    Un Vautour entendit sa voix :
    Adieu les amours et la gloire.
Tout cet orgueil périt sous l'ongle du Vautour.

Enfin, par un fatal retour,
Son rival autour de la Poule
S'en revint faire le coquet[6] :
Je laisse à penser quel caquet[7],
Car il eut des femmes en foule.
La Fortune se plaît à faire de ces coups ;
Tout vainqueur insolent à sa perte travaille.
Défions-nous du Sort, et prenons garde à nous,
Après le gain d'une bataille.

---

1 – La guerre de Troie trouve son origine dans l'amour que Pâris le
Troyen portait à Hélène, femme du Grec Ménélas.
2 – « où on vit le Xanthe, fleuve qui coule près de Troie, teint du sang
des dieux qui furent eux-mêmes blessés dans les combats.
3 – se poursuivit.
4 – périphrase pour désigner la race des coqs et des poules.
5 – accourut au spectacle.
6 – « faire le coquet », c'est faire le petit coq…
7 – Je laisse imaginer quel fut le contenu de ses discours.

Origine : Ésope

Le Chat, la Belette et le petit Lapin

Du palais d'un jeune Lapin
Dame Belette un beau matin
S'empara[1] ; c'est une rusée.
Le maître étant absent, ce lui fut chose aisée[2].
Elle porta chez lui ses pénates[3], un jour
Qu'il était allé faire à l'Aurore sa cour,
Parmi le thym et la rosée.
Après qu'il eut brouté, trotté, fait tous ses tours,
Jeannot Lapin retourne aux souterrains séjours[4].
La Belette avait mis le nez à la fenêtre.
« Ô Dieux hospitaliers, que vois-je ici paraître ? »
Dit l'animal chassé du paternel logis :
« Holà, Madame la Belette,
Que l'on déloge sans trompette[5],
Ou je vais avertir tous les rats du pays. »
La Dame au nez pointu[6] répondit que la terre
Était au premier occupant[7].
C'était un beau sujet de guerre
Qu'un logis où lui-même il n'entrait qu'en rampant.
« Et quand ce serait un royaume[8]
Je voudrais bien savoir, dit-elle, quelle loi
En a pour toujours fait l'octroi
À Jean[9] fils ou neveu de Pierre ou de Guillaume,

Plutôt qu'à Paul, plutôt qu'à moi. »
Jean Lapin allégua la coutume et l'usage.
« Ce sont, dit-il, leurs lois qui m'ont de ce logis
Rendu maître et seigneur, et qui de père en fils,
L'ont de Pierre à Simon, puis à moi Jean, transmis[10].
Le premier occupant est-ce une loi plus sage ?
— Or bien sans crier davantage,
Rapportons-nous, dit-elle, à Raminagrobis[11]. »
C'était un chat vivant comme un dévot ermite,
Un chat faisant la chattemite[12],
Un saint homme de chat, bien fourré, gros et gras,
Arbitre expert sur tous les cas.
Jean Lapin pour juge l'agrée[13].
Les voilà tous deux arrivés
Devant Sa Majesté fourrée[14].
Grippeminaud[15] leur dit : « Mes enfants, approchez,
Approchez, je suis sourd, les ans en sont la cause. »
L'un et l'autre approcha ne craignant nulle chose.
Aussitôt qu'à portée il vit les contestants[16],
Grippeminaud le bon apôtre[17]
Jetant des deux côtés la griffe en même temps,
Mit les plaideurs d'accord en croquant l'un et l'autre.
Ceci ressemble fort aux débats qu'ont parfois
Les petits souverains se rapportants[18] aux rois[19].

1 – Un beau matin, Dame Belette s'empara du palais d'un jeune lapin.

2 – Cela fut facile pour elle.

3 – Chez les Romains, les pénates sont les divinités du foyer, leurs statues ou leurs effigies ; par extension, les pénates désignent l'habitation principale. La Belette porte ses pénates dans le logis du lapin afin de se l'approprier.

4 – dans son terrier.

5 – sans qu'il soit besoin d'employer la force militaire, sans tambour ni trompette.

6 – périphrase pour désigner la belette.

7 – Celui qui arrive le premier sur une terre non occupée en devient propriétaire.

8 – et même s'il s'agissait d'un royaume.

9 – Je voudrais bien savoir quelle loi a donné pour toujours ce royaume à Jean…

10 – Ce sont leurs lois qui m'ont rendu maître et seigneur de ce logis et qui l'ont transmis de père en fils, de Pierre à Simon, puis à moi Jean.

11 – Rabelais met en scène dans le *Tiers Livre* un vieux poète français nommé Raminagrobis, auprès duquel Panurge va prendre conseil. La Fontaine en fait ici un chat juge.

12 – l'hypocrite, le fourbe.

13 – Pour juge le choisit, l'accepte.

14 – périphrase pour désigner à la fois le chat et l'homme de loi.

15 – Personnage créé par Rabelais dans *Pantagruel*, il représentait l'archiduc des chats fourrés – en réalité le premier président du Parlement de Paris.

16 – Aussitôt qu'il vit les contestants, le lapin et la belette, à sa portée.

17 – l'homme de bien, le paisible, mais il faut comprendre le contraire.

18 – La fable est écrite dans les années 1660. Ce n'est qu'en 1678 que l'invariabilité du participe présent est décidée.

19 – Le roi risque d'annexer, de croquer, les territoires de petits souverains qui le consultent pour obtenir gain de cause dans la guerre qu'ils se livrent.

Origine : Pilpay

Le Savetier[1] et le Financier

Un Savetier chantait du matin jusqu'au soir :
    C'était merveilles de le voir,
Merveilles de l'ouïr[2] ; il faisait des passages[3],
    Plus content qu'aucun des sept sages[4].
Son voisin au contraire, étant tout cousu d'or,
    Chantait peu, dormait moins encor.
    C'était un homme de finance.
Si sur le point du jour parfois il sommeillait,
Le Savetier alors en chantant l'éveillait,
    Et le Financier se plaignait,
    Que les soins de la Providence
N'eussent pas au marché fait vendre le dormir,
    Comme le manger et le boire.
    En son hôtel il fait venir
Le chanteur, et lui dit : « Or çà[5], sire Grégoire,
Que gagnez-vous par an ? – Par an ? Ma foi, Monsieur,
    Dit avec un ton de rieur,
Le gaillard Savetier, ce n'est point ma manière
De compter de la sorte ; et je n'entasse guère
  Un jour sur l'autre : il suffit qu'à la fin
    J'attrape le bout de l'année[6] :
    Chaque jour amène son pain.
– Eh bien que gagnez-vous, dites-moi, par journée ?

– Tantôt plus, tantôt moins : le mal est que toujours ;
(Et sans cela nos gains seraient assez honnêtes),
Le mal est que dans l'an s'entremêlent des jours
    Qu'il faut chômer ; on nous ruine en fêtes[7].
L'une fait tort à l'autre ; et Monsieur le Curé
De quelque nouveau Saint charge toujours son prône[8]. »
Le Financier riant de sa naïveté
Lui dit : « Je vous veux mettre aujourd'hui sur le trône[9].
Prenez ces cent écus : gardez-les avec soin,
    Pour vous en servir au besoin. »
Le Savetier crut voir tout l'argent que la terre
    Avait, depuis plus de cent ans
    Produit pour l'usage des gens.
Il retourne chez lui : dans sa cave il enserre[10]
    L'argent, et sa joie à la fois.
    Plus de chant ; il perdit la voix
Du moment qu'il gagna ce qui cause nos peines.
    Le sommeil quitta son logis,
    Il eut pour hôtes les soucis,
    Les soupçons, les alarmes vaines.
Tout le jour il avait l'œil au guet ; et la nuit,
    Si quelque chat faisait du bruit,
Le chat prenait l'argent. À la fin le pauvre homme
S'en courut chez celui qu'il ne réveillait plus :

«Rendez-moi, lui dit-il, mes chansons et mon somme,
    Et reprenez vos cent écus.»

---

1 – le cordonnier.
2 – de l'entendre.
3 – des improvisations.
4 – Les sept sages de la Grèce antique, au VIᵉ siècle av. J.-C., s'étaient réunis à Delphes pour offrir à Apollon leurs devises, parmi lesquelles celle de Chilon de Sparte : «Connais-toi toi-même».
5 – «or ça», expression figée qui n'est plus en usage aujourd'hui, signifie littéralement «maintenant ici».
6 – Il suffit que je joigne les deux bouts.
7 – On compte à cette époque une quarantaine de fêtes chômées.
8 – Le curé ajoute toujours à son sermon un nouveau saint à fêter.
9 – vous faire devenir riche.
10 – Il cache.

Origine : Horace et Des Périers

La Fontaine parisien
L'hôtel de Madame de La Sablière, qui hébergea La Fontaine pendant vingt ans, était situé au 205 de la rue Saint-Honoré, dans le 1ᵉʳ arrondissement.

Les Femmes et le Secret

Rien ne pèse tant qu'un secret :
  Le porter loin est difficile aux dames ;
    Et je sais même sur ce fait
    Bon nombre d'hommes qui sont femmes[1].
Pour éprouver la sienne un mari s'écria
La nuit étant près d'elle : « Ô dieux ! qu'est-ce cela ?
    Je n'en puis plus ! on me déchire !
Quoi ! j'accouche d'un œuf ! – D'un œuf ! – Oui, le voilà
Frais et nouveau pondu. Gardez bien de le dire[2] :
On m'appellerait poule. Enfin n'en parlez pas. »
    La femme neuve sur ce cas[3],
    Ainsi que sur mainte autre affaire[4],
Crut la chose, et promit ses grands dieux de se taire.
    Mais ce serment s'évanouit
    Avec les ombres de la nuit.
    L'épouse indiscrète et peu fine,
Sort du lit quand le jour fut à peine levé ;
    Et de courir chez sa voisine :
« Ma commère, dit-elle, un cas est arrivé :
N'en dites rien surtout, car vous me feriez battre :
Mon mari vient de pondre un œuf gros comme quatre.
    Au nom de Dieu, gardez-vous bien
    D'aller publier ce mystère.

— Vous moquez-vous? dit l'autre. Ah! vous ne savez guère
    Quelle je suis. Allez, ne craignez rien. »
La femme du pondeur s'en retourne chez elle.
L'autre grille déjà de conter la nouvelle :
Elle va la répandre en plus de dix endroits.
       Au lieu d'un œuf, elle en dit trois.
Ce n'est pas encor tout, car une autre commère
En dit quatre et raconte à l'oreille le fait,
     Précaution peu nécessaire,
     Car ce n'était plus un secret.
Comme le nombre d'œufs, grâce à la renommée,
De bouche en bouche allait croissant,
      Avant la fin de la journée
      Ils se montaient à plus d'un cent.

---

1 – Beaucoup d'hommes, qui ressemblent à des femmes, sont incapables
de conserver un secret – La Fontaine évite ainsi l'accusation de
misogynie…
2 – surtout, ne le dites pas !
3 – naïve.
4 – sur beaucoup d'autres sujets.

Origine : Abstemius

Les Deux Amis

Deux vrais Amis vivaient au Monomotapa[1] :
L'un ne possédait rien qui n'appartînt à l'autre.
      Les Amis de ce pays-là
       Valent bien, dit-on, ceux du nôtre.
Une nuit que chacun s'occupait du sommeil,
Et mettait à profit l'absence du soleil,
Un de nos deux Amis sort du lit en alarme.
Il court chez son intime, éveille les valets :
Morphée avait touché le seuil de ce palais[2].
L'Ami couché s'étonne, il prend sa bourse, il s'arme,
Vient trouver l'autre et dit : « Il vous arrive peu
De courir quand on dort ; vous me paraissez homme
À mieux user du temps destiné pour le somme :
N'auriez-vous point perdu tout votre argent au jeu ?
En voici. S'il vous est venu quelque querelle,
J'ai mon épée, allons. Vous ennuyez-vous point
De coucher toujours seul ? Une esclave assez belle
Était à mes côtés ; voulez-vous qu'on l'appelle ?
– Non, dit l'Ami, ce n'est ni l'un ni l'autre point :
      Je vous rends grâce de ce zèle[3].
Vous m'êtes, en dormant, un peu triste apparu ;
J'ai craint qu'il ne fût vrai, je suis vite accouru.
      Ce maudit songe en est la cause. »

Qui d'eux aimait le mieux ? Que t'en semble,
lecteur[4] ?
Cette difficulté vaut bien qu'on la propose[5].
Qu'un ami véritable est une douce chose.
Il cherche vos besoins au fond de votre cœur ;
    Il vous épargne la pudeur
    De les lui découvrir lui-même.
    Un songe, un rien, tout lui fait peur
    Quand il s'agit de ce qu'il aime.

---

1 – empire d'Afrique du Sud, connu aussi sous le nom de Grand Zimbabwe. Peu connu à l'époque, il passait pour un pays mystérieux.
2 – Morphée est le dieu du sommeil. Tout le monde dormait dans ce palais.
3 – Je vous remercie de votre empressement.
4 – Qu'en penses-tu, lecteur ?
5 – Cette question mérite bien qu'on y réfléchisse.

Origine : Pilpay

Les deux Pigeons

Deux Pigeons s'aimaient d'amour tendre.
L'un d'eux s'ennuyant au logis
Fut assez fou pour entreprendre
Un voyage en lointain pays.
L'autre lui dit : « Qu'allez-vous faire ?
Voulez-vous quitter votre frère ?
L'absence est le plus grand des maux :
Non pas pour vous, cruel. Au moins que les travaux,
Les dangers, les soins[1] du voyage,
Changent un peu votre courage[2].
Encor si la saison s'avançait davantage !
Attendez les zéphyrs[3]. Qui vous presse ? Un corbeau
Tout à l'heure annonçait malheur à quelque oiseau.
Je ne songerai plus que rencontre funeste[4],
Que Faucons[5], que réseaux[6]. Hélas, dirai-je, il pleut :
Mon frère a-t-il tout ce qu'il veut,
Bon soupé, bon gîte, et le reste ? »
Ce discours ébranla le cœur
De notre imprudent voyageur ;
Mais le désir de voir et l'humeur inquiète
L'emportèrent enfin. Il dit : « Ne pleurez point :
Trois jours au plus rendront mon âme satisfaite ;
Je reviendrai dans peu conter de point en point

Mes aventures à mon frère.
Je le désennuierai : quiconque ne voit guère
N'a guère à dire aussi. Mon voyage dépeint
Vous sera d'un plaisir extrême.
Je dirai : j'étais là ; telle chose m'avint[7] ;
Vous y croirez être vous-même. »
À ces mots en pleurant ils se dirent adieu.
Le voyageur s'éloigne ; et voilà qu'un nuage
L'oblige de chercher retraite en quelque lieu[8].
Un seul arbre s'offrit, tel encor que l'orage
Maltraita le Pigeon en dépit du feuillage.
L'air devenu serein, il part tout morfondu[9],
Sèche du mieux qu'il peut son corps chargé de pluie,
Dans un champ à l'écart voit du blé répandu,
Voit un Pigeon auprès ; cela lui donne envie :
Il y vole, il est pris : ce blé couvrait d'un lacs[10],
Les menteurs et traîtres appas.
Le lacs était usé ! si bien que de son aile,
De ses pieds, de son bec, l'oiseau le rompt enfin.
Quelque plume y périt ; et le pis du destin
Fut qu'un certain Vautour à la serre cruelle
Vit notre malheureux, qui, traînant la ficelle
Et les morceaux du las qui l'avait attrapé,
Semblait un forçat échappé.
Le Vautour s'en allait le lier[11], quand des nues[12]

Fond à son tour un Aigle aux ailes étendues.
Le Pigeon profita du conflit des voleurs,
S'envola, s'abattit auprès d'une masure,
      Crut, pour ce coup, que ses malheurs
      Finiraient par cette aventure ;
Mais un fripon d'enfant, cet âge est sans pitié,
Prit sa fronde et, du coup, tua plus d'à moitié
      La volatile[13] malheureuse,
      Qui, maudissant sa curiosité,
      Traînant l'aile et tirant le pied,
      Demi-morte et demi-boiteuse,
      Droit au logis s'en retourna[14].
      Que bien, que mal[15], elle arriva
      Sans autre aventure fâcheuse.
Voilà nos gens rejoints[16] ; et je laisse à juger
De combien de plaisirs ils payèrent leurs peines.
Amants, heureux amants[17], voulez-vous voyager ?
      Que ce soit aux rives prochaines[18] ;
Soyez-vous l'un à l'autre un monde toujours beau,
      Toujours divers, toujours nouveau ;
Tenez-vous lieu de tout, comptez pour rien le reste ;
J'ai quelquefois aimé ! je n'aurais pas alors
      Contre le Louvre et ses trésors,
Contre le firmament et sa voûte céleste,
      Changé les bois, changé les lieux

Honorés par les pas, éclairés par les yeux
    De l'aimable et jeune bergère[19]
    Pour qui, sous le fils de Cythère[20],
Je servis[21], engagé par mes premiers serments.
Hélas! quand reviendront de semblables moments?
Faut-il que tant d'objets[22] si doux et si charmants
Me laissent vivre au gré de mon âme inquiète[23]?
Ah ! si mon cœur osait encor se renflammer !
Ne sentirai-je plus de charme qui m'arrête ?
    Ai-je passé le temps d'aimer ?

---

1 – les soucis, les dangers.

2 – votre détermination, votre volonté de partir.

3 – vents d'ouest, agréables et doux.

4 – J'imaginerai sans cesse que vous avez fait de mauvaises rencontres.

5 – le faucon, oiseau dangereux pour le pigeon.

6 – pièges.

7 – Telle chose m'advint, m'arriva.

8 – l'oblige à s'abriter dans un certain endroit.

9 – tremblant de froid.

10 – Le lacs est un piège en forme de lacet – il tombe dans le piège, il tombe dans le lacs, devenu depuis, fautivement : tomber dans le lac (quel lac, et pourquoi ? On ne se pose pas la question...).

11 – l'attraper dans ses serres.

12 – des nuages, du ciel.

13 – au féminin à cette époque.

14 – La volatile s'en retourna droit au logis.

15 – tant bien que mal.

16 – Voilà nos deux pigeons qui se retrouvent.

17 – Après avoir raconté l'histoire des deux pigeons, La Fontaine

commence une conclusion qui est à la fois universelle et très personnelle.
18 – que ce ne soit pas pour une destination lointaine.
19 – Les jeunes gens amoureux se déguisaient souvent pour leurs divertissements en bergères et bergers.
20 – l'île où est née la déesse de l'amour, Aphrodite.
21 – L'amour courtois, issu de la tradition du Moyen Âge, fait de l'amant le serviteur de sa maîtresse, le chevalier servant.
22 – tant de charmantes personnes aimées.
23 – de mon âme, de mes pensées chagrines – pourquoi ces personnes si douces me laissent-elles dans la tristesse ?

Origine : Pilpay

Anecdote

Un jour, La Fontaine entre en conversation avec un jeune homme qu'il trouve plein d'esprit et fort intelligent. Le jeune homme s'en va, et aussitôt, La Fontaine s'enquiert de son identité. On lui répond alors : « Mais, c'était votre fils !... » Et la Fontaine avoue, surpris : « Ah bon ? Je ne l'avais pas reconnu… »

Le Statuaire[1] et la Statue de Jupiter

Un bloc de marbre était si beau
Qu'un Statuaire en fit l'emplette[2].
« Qu'en fera, dit-il, mon ciseau[3] ?
Sera-t-il dieu, table ou cuvette ?

Il sera dieu : même je veux
Qu'il ait en sa main un tonnerre.
Tremblez, humains. Faites des vœux :
Voilà le maître de la terre. »

L'artisan exprima si bien
Le caractère de l'idole,
Qu'on trouva qu'il ne manquait rien
À Jupiter que la parole.

Même l'on dit que l'ouvrier
Eut à peine achevé l'image[4],
Qu'on le vit frémir le premier,
Et redouter son propre ouvrage.

À la faiblesse du sculpteur
Le poète autrefois n'en dut guère[5],

Des dieux dont il fut l'inventeur
Craignant la haine et la colère[6].

Il était enfant en ceci ;
Les enfants n'ont l'âme occupée
Que du continuel souci
Qu'on ne fâche point leur poupée.

Leur cœur suit aisément l'esprit :
De cette source est descendue
L'erreur païenne, qui se vit
Chez tant de peuples répandue.

Ils embrassaient violemment
Les intérêts de leur chimère[7] :
Pygmalion devint amant
De la Vénus dont il fut père[8].

Chacun tourne en réalités,
Autant qu'il peut, ses propres songes :
L'homme est de glace aux vérités ;
Il est de feu pour les mensonges.

---

1 – le sculpteur.
2 – l'achat.

3 – le ciseau du sculpteur – ne pas confondre avec les ciseaux de la couturière ou du couturier.

4 – la sculpture.

5 – Le poète eut la même faiblesse, la même peur que le sculpteur.

6 – craignant la haine et la colère des dieux dont il fut l'inventeur.

7 – de leur invention, de leur création.

8 – Pygmalion, sculpteur de Chypre, demanda à Aphrodite de lui donner une épouse semblable à la magnifique statue qu'il venait de terminer et qu'il avait nommée Galatée. Aphrodite exauça son vœu en donnant vie à Galatée.

Origine : Horace, Lucrèce, Ovide

L'Huître et les Plaideurs

Un jour deux Pèlerins sur le sable rencontrent
Une Huître que le flot y venait d'apporter:
Ils l'avalent des yeux, du doigt ils se la montrent;
À l'égard de la dent il fallut contester[1].
L'un se baissait déjà pour amasser[2] la proie;
L'autre le pousse, et dit: « Il est bon de savoir
     Qui de nous en aura la joie.
Celui qui le premier a pu l'apercevoir
En sera le gobeur[3]; l'autre le verra faire.
    — Si par là l'on juge l'affaire,
Reprit son compagnon, j'ai l'œil bon, Dieu merci!
    — Je ne l'ai pas mauvais aussi,
Dit l'autre; et je l'ai vue avant vous, sur ma vie.
— Eh bien! vous l'avez vue, et moi je l'ai sentie. »
    Pendant tout ce bel incident,
Perrin Dandin[4] arrive: ils le prennent pour juge.
Perrin fort gravement ouvre l'Huître, et la gruge[5],
    Nos deux Messieurs le regardant.
Ce repas fait, il dit d'un ton de président:
« Tenez, la cour vous donne à chacun une écaille
Sans dépens[6], et qu'en paix chacun chez soi s'en aille. »

Mettez ce qu'il en coûte à plaider aujourd'hui[7] ;
Comptez ce qu'il en reste à beaucoup de familles ;
Vous verrez que Perrin tire l'argent à lui,
Et ne laisse aux plaideurs que le sac et les quilles[8].

---

1 – Pour la déguster, il fallut discuter, argumenter comme dans un
procès.
2 – pour prendre, pour se saisir de la proie.
3 – Celui qui gobera, qui mangera l'huître.
4 – Dans le *Tiers Livre* de Rabelais, on rencontre un bon laboureur,
homme de bien, considéré comme juge de tous les litiges dans la
région de Poitiers, et qui porte ce nom : Perrin Dandin.
5 – et la mange.
6 – sans frais de justice.
7 – Pensez à ce que coûte aujourd'hui un procès.
8 – « donner à quelqu'un son sac et ses quilles », c'est le chasser. Ici,
les plaideurs s'en vont, sont congédiés, l'enjeu, l'essentiel – l'huître
– étant conservé par le juge.

Origine : *Boileau*

Le Milan et le Rossignol

Après que le Milan[1], manifeste voleur,
Eut répandu l'alarme en tout le voisinage
Et fait crier sur lui les enfants du village,
Un Rossignol tomba dans ses mains[2], par malheur.
Le Héraut du printemps[3] lui demande la vie :
« Aussi bien que manger en qui n'a que le son[4] ?
          Écoutez plutôt ma chanson ;
Je vous raconterai Térée[5] et son envie.
– Qui, Térée ? Est-ce un mets propre pour les milans ?
– Non pas ; c'était un roi dont les feux violents
Me firent ressentir leur ardeur criminelle.
Je m'en vais vous en dire une chanson si belle
Qu'elle vous ravira : mon chant plaît à chacun. »
          Le Milan alors lui réplique :
« Vraiment, nous voici bien ; lorsque je suis à jeun,
          Tu me viens parler de musique ?
– J'en parle bien aux rois. – Quand un roi te prendra,
          Tu peux lui conter ces merveilles.
          Pour un Milan, il s'en rira :
          Ventre affamé n'a point d'oreilles. »

---

1 – oiseau rapace.
2 – En fauconnerie, on appelait « mains » les serres des faucons.

3 – le messager du printemps – un héraut était au Moyen Âge un officier public qui transmettait les messages importants.

4 – Que manger dans celui qui sait seulement chanter, sans posséder un corps qui pourrait nourrir ? Le rossignol se dit trop petit pour calmer la faim du milan.

5 – Amoureux de Philomèle, sœur de son épouse Procné, Térée – le roi de Thrace – la viola et lui coupa la langue pour l'empêcher de révéler son crime. Procné aida sa sœur à se venger en donnant l'enfant du viol en repas à Térée. Puis elles s'enfuirent. Au moment d'être rejointes par Térée, elles furent transformées en oiseaux par les dieux : Procné devint un rossignol, Philomèle une hirondelle. Térée fut changé en huppe.

Origine : Ésope

LIVRE X

La Tortue et les deux Canards

Une Tortue était, à la tête légère,
Qui, lasse de son trou, voulut voir le pays,
Volontiers on fait cas d'une terre étrangère,
Volontiers gens boiteux haïssent le logis.
    Deux Canards à qui la commère
    Communiqua ce beau dessein[1],
Lui dirent qu'ils avaient de quoi la satisfaire :
    « Voyez-vous ce large chemin ?
Nous vous voiturerons[2], par l'air, en Amérique,
    Vous verrez mainte république[3],
Maint Royaume, maint peuple, et vous profiterez
Des différentes mœurs que vous remarquerez.
Ulysse[4] en fit autant. » On ne s'attendait guère
    De voir Ulysse en cette affaire.
La Tortue écouta la proposition.
Marché fait, les Oiseaux forgent une machine
    Pour transporter la pèlerine.
Dans la gueule en travers on lui passe un bâton.
« Serrez bien, dirent-ils ; gardez de lâcher prise. »
Puis chaque Canard prend ce bâton par un bout.
La Tortue enlevée[5] on s'étonne partout
    De voir aller en cette guise[6]
    L'animal lent et sa maison,

Justement au milieu de l'un et l'autre Oison[7].
« Miracle, criait-on. Venez voir dans les nues
    Passer la Reine des Tortues.
– La Reine. Vraiment oui. Je la suis en effet ;
Ne vous en moquez point. » Elle eût beaucoup mieux fait
De passer son chemin sans dire aucune chose ;
Car lâchant le bâton en desserrant les dents,
Elle tombe, elle crève aux pieds des regardants[8].
Son indiscrétion[9] de sa perte fut cause.
Imprudence, babil[10], et sotte vanité,
    Et vaine curiosité,
    Ont ensemble étroit parentage[11].
    Ce sont enfants tous d'un lignage[12].

---

1 – projet.
2 – Nous vous transporterons.
3 – beaucoup de républiques.
4 – Dans l'*Odyssée*, Homère raconte les voyages d'Ulysse qui revient de la guerre de Troie.
5 – élevée dans les airs.
6 – de cette façon.
7 – au milieu des deux canards.
8 – de ceux qui la regardaient.
9 – son manque de prévoyance.
10 – bavardage.
11 – une étroite parenté.
12 – Ce sont les facettes d'un même défaut.
Origine : Pilpay

Le Loup et les Bergers

Un Loup rempli d'humanité
(S'il en est de tels dans le monde)
Fit un jour sur sa cruauté,
Quoiqu'il ne l'exerçât que par nécessité,
Une réflexion profonde.
« Je suis haï, dit-il ; et de qui ? De chacun.
Le Loup est l'ennemi commun :
Chiens, chasseurs, villageois, s'assemblent pour sa
perte.
Jupiter est là-haut étourdi de leurs cris ;
C'est par là que de loups l'Angleterre est déserte[1] :
On y mit notre tête à prix.
Il n'est hobereau[2] qui ne fasse
Contre nous tels bans publier[3] ;
Il n'est marmot osant crier
Que du loup aussitôt sa mère ne menace[4].
Le tout pour un âne rogneux[5],
Pour un mouton pourri, pour quelque chien hargneux,
Dont j'aurai passé mon envie.
Eh bien ! ne mangeons plus de chose ayant eu vie ;
Paissons l'herbe, broutons, mourons de faim plutôt.
Est-ce une chose si cruelle ?
Vaut-il mieux s'attirer la haine universelle ? »

Disant ces mots il vit des Bergers, pour leur rôt[6],
　　　Mangeants un agneau cuit en broche.
　　　« Oh ! oh ! dit-il, je me reproche
Le sang de cette gent[7]. Voilà ses gardiens
　　　S'en repaissants[8] eux et leurs chiens ;
　　　Et moi, Loup, j'en ferai scrupule[9] ?
Non, par tous les Dieux. Non. Je serais ridicule.
　　　Thibault l'agnelet passera[10]
　　　Sans qu'à la broche je le mette ;
Et non seulement lui, mais la mère qu'il tette,
　　　Et le père qui l'engendra. »
Ce Loup avait raison. Est-il dit qu'on nous voie
　　　Faire festin de toute proie,
Manger les animaux, et nous les réduirons
Aux mets de l'âge d'or autant que nous pourrons[11] ?
　　　Ils n'auront ni croc ni marmite[12] ?
　　　Bergers, bergers, le Loup n'a tort
　　　Que quand il n'est pas le plus fort :
　　　Voulez-vous qu'il vive en ermite ?

---

1 – L'Angleterre est déserte de loups, leur extermination avait été décidée au xe siècle.

2 – petit noble de campagne.

3 – publier de telles annonces publiques, au contenu comparable aux mesures prises en Angleterre.

4 – que sa mère ne menace aussitôt du loup.

5 – atteint de la rogne, sorte de gale.
6 – leur repas, leur rôti.
7 – cette race.
8 – qui s'en repaissent, s'en rassasient.
9 – Je me ferais des scrupules d'en manger, je m'en culpabiliserais.
10 – mourra, passera de vie à trépas.
11 – Si on nous fait remarquer que l'on mange des animaux, allons-nous les supprimer de notre alimentation et adopter un régime végétarien comme au temps où hommes et bêtes se respectaient ?
12 – Leur chair ne finira donc pas au crochet du boucher ou dans la marmite de la cuisinière ?

Origine : Ésope – *histoire reprise par* Plutarque (46 – 125) *dans* La Vie des Sept Sages

La Perdrix et les Coqs

Parmi de certains Coqs incivils[1], peu galants,
      Toujours en noise[2] et turbulents,
      Une perdrix était nourrie.
      Son sexe et l'hospitalité,
De la part de ces Coqs peuple à l'amour porté[3]
Lui faisaient espérer beaucoup d'honnêteté :
Ils feraient les honneurs de la ménagerie.
Ce peuple cependant, fort souvent en furie,
Pour la dame étrangère ayant peu de respect,
Lui donnait fort souvent d'horribles coups de bec.
      D'abord elle en fut affligée ;
Mais sitôt qu'elle eut vu cette troupe enragée
S'entre-battre elle-même, et se percer les flancs ;
Elle se consola. « Ce sont leurs mœurs, dit-elle,
Ne les accusons point ; plaignons plutôt ces gens.
      Jupiter sur un seul modèle
      N'a pas formé tous les esprits :
Il est des naturels de Coqs et de Perdrix[4].
S'il dépendait de moi, je passerais ma vie
      En plus honnête compagnie.
Le maître de ces lieux en ordonne autrement ;
      Il nous prend avec des tonnelles[5],

Nous loge avec des Coqs, et nous coupe les ailes :
C'est de l'homme qu'il faut se plaindre seulement. »

---

1 – impolis, mal élevés.
2 – en querelle, en bagarre.
3 – Le peuple des coqs est porté à l'amour.
4 – Les coqs et les perdrix ont chacun leur nature.
5 – des pièges.

Origine : Ésope

> ### La Fontaine parisien
> *Boileau et La Fontaine quittaient souvent Paris pour
> aller à la campagne, boire du lait frais à la ferme Magu.
> Elle était située à l'emplacement du 9 rue de Mexico,
> dans le 16ᵉ arrondissement.*

LIVRE XI

Le Songe d'un habitant
du Mogol[1]

Jadis certain Mogol[2] vit en songe un Vizir[3]
Aux Champs Élysiens[4] possesseur d'un plaisir
Aussi pur qu'infini, tant en prix qu'en durée ;
Le même songeur vit en une autre contrée
      Un ermite entouré de feux,
Qui touchait de pitié même les malheureux.
Le cas parut étrange, et contre l'ordinaire :
Minos[5] en ces deux morts semblait s'être mépris.
Le dormeur s'éveilla tant il en fut surpris.
Dans ce songe pourtant soupçonnant du mystère,
      Il se fit expliquer l'affaire.
L'interprète lui dit : « Ne vous étonnez point ;
Votre songe a du sens ; et, si j'ai sur ce point
      Acquis tant soit peu d'habitude,
C'est un avis des Dieux. Pendant l'humain séjour,
Ce Vizir quelquefois cherchait la solitude ;
Cet Ermite aux Vizirs allait faire sa cour. »

Si j'osais ajouter au mot de l'interprète,
J'inspirerais ici l'amour de la retraite ;
Elle offre à ses amants des biens sans embarras,
Biens purs, présents du ciel, qui naissent sous les pas.

Solitude où je trouve une douceur secrète,
Lieux que j'aimai toujours ne pourrai-je jamais,
Loin du monde et du bruit, goûter l'ombre et le frais ?
Oh ! qui m'arrêtera sous vos sombres asiles !
Quand pourront les neuf Sœurs[6], loin des cours et
des villes,
M'occuper tout entier, et m'apprendre des Cieux
Les divers mouvements[7] inconnus à nos yeux,
Les noms et les vertus de ces clartés errantes
Par qui sont nos destins et nos mœurs différentes[8] !
Que si je ne suis né pour de si grands projets,
Du moins que les ruisseaux m'offrent de doux objets !
Que je peigne en mes vers quelque rive fleurie !
La Parque à filets d'or[9] n'ourdira point ma vie ;
Je ne dormirai point sous de riches lambris ;
Mais voit-on que le somme en perde de son prix ?
En est-il moins profond, et moins plein de délices ?
Je lui voue au désert de nouveaux sacrifices[10].
Quand le moment viendra d'aller trouver les morts,
J'aurai vécu sans soins[11], et mourrai sans remords.

---

1 – région de l'Inde.
2 – habitant du Mogol : le pays et l'habitant sont désignés par le
même mot.
3 – Un vizir est un haut fonctionnaire, un ministre dans les pays
musulmans.

4 – Dans l'antiquité grecque, les Champs Élysées accueillent le séjour des morts, un lieu de repos bienheureux pour les héros et ceux dont l'existence fut honnête.

5 – Minos était le juge des Champs Élysées, des enfers (qui, dans la mythologie grecque, ne sont pas des lieux de souffrances éternelles). Il aurait dû envoyer dans les flammes le vizir qui avait connu les plaisirs de la cour. Mais, quoique riche, le vizir aimait de son vivant la solitude, et l'ermite cherchait les faveurs de la cour. Chacun d'eux reçoit une « récompense » qui fait l'économie des apparences.

6 – les neuf muses qui inspirent les artistes dans les domaines qu'elles représentent : Clio pour l'histoire, Érato pour la poésie lyrique et le chant choral, Uranie pour l'astronomie, Terpsichore pour la danse, etc.

7 – et m'apprendre les divers mouvements des cieux.

8 – par qui nos destins existent et par qui nos mœurs sont différentes.

9 – Dans la mythologie romaine, trois parques sont responsables de la vie de chaque humain ; elles sont semblables aux moires grecques : Clotho (la fileuse qui ourdit, prépare et tisse les fils de la vie), Lachésis (la réparatrice qui les place sur le fuseau), et Atropos (l'implacable qui coupe le fil de l'existence quand elle le veut). En latin, elles s'appelaient Nona, Decima et Morta. La parque à filets d'or désigne celle qui rend riche.

10 – J'offre des sacrifices au dieu du sommeil afin de dormir longtemps dans la quiétude.

11 – sans soucis.

Origine : Saadi

Le Vieillard et les trois jeunes Hommes

Un octogénaire plantait.
« Passe encor de bâtir ; mais planter à cet âge ! »
Disaient trois jouvenceaux[1], enfants du voisinage ;
Assurément il radotait.
« Car, au nom des Dieux, je vous prie,
Quel fruit de ce labeur pouvez-vous recueillir ?
Autant qu'un patriarche il vous faudrait vieillir.
À quoi bon charger votre vie
Des soins d'un avenir qui n'est pas fait pour vous ?
Ne songez désormais qu'à vos erreurs passées ;
Quittez le long espoir et les vastes pensées ;
Tout cela ne convient qu'à nous.
— Il ne convient pas à vous-mêmes,
Repartit[2] le vieillard. Tout établissement[3]
Vient tard et dure peu. La main des Parques blêmes
De vos jours et des miens se joue également[4].
Nos termes sont pareils par leur courte durée.
Qui de nous des clartés de la voûte azurée
Doit jouir le dernier ? Est-il aucun moment
Qui vous puisse assurer d'un second seulement ?
Mes arrière-neveux[5] me devront cet ombrage
Eh bien ! défendez-vous au sage
De se donner des soins pour le plaisir d'autrui ?

Cela même est un fruit que je goûte aujourd'hui
J'en puis jouir demain, et quelques jours encore ;
      Je puis enfin compter l'aurore
        Plus d'une fois sur vos tombeaux. »
Le Vieillard eut raison ; l'un des trois jouvenceaux
Se noya dès le port allant à l'Amérique ;
L'autre, afin de monter aux grandes dignités,
Dans les emplois de Mars[6] servant la République,
Par un coup imprévu vit ses jours emportés.
      Le troisième tomba d'un arbre
        Que lui-même il voulut enter[7] ;
Et pleurés du Vieillard, il grava sur leur marbre
      Ce que je viens de raconter.

---

1 – trois jeunes gens.

2 – répondit.

3 – toute retraite.

4 – La main des Parques, divinités qui décident de la vie et de la mort des humains, s'amuse, se moque de vos jours et des miens.

5 – « neveu » vient du latin *nepos, nepotis* qui signifiait : petit-fils.

6 – Mars est le dieu de la guerre, cet « autre » était donc soldat.

7 – greffer.

Origine : Abstemius

LIVRE XII

Le vieux Chat et la jeune Souris

Une jeune Souris de peu d'expérience
Crut fléchir un vieux Chat, implorant sa clémence,
Et payant de raisons le Raminagrobis[1].

    «Laissez-moi vivre : une souris

    De ma taille et de ma dépense

    Est-elle à charge en ce logis ?

    Affamerais-je, à votre avis,

    L'hôte et l'hôtesse, et tout leur monde ?

    D'un grain de blé je me nourris ;

    Une noix me rend toute ronde.

À présent je suis maigre ; attendez quelque temps.

Réservez ce repas à Messieurs vos enfants. »

Ainsi parlait au Chat la Souris attrapée.

    L'autre lui dit : «Tu t'es trompée.

Est-ce à moi que l'on tient de semblables discours ?

Tu gagnerais autant de parler à des sourds.

Chat, et vieux, pardonner ? cela n'arrive guères.

    Selon ces lois, descends là-bas,

    Meurs, et va-t'en, tout de ce pas,

    Haranguer les sœurs Filandières[2] :

Mes enfants trouveront assez d'autres repas. »

    Il tint parole ; et pour ma fable

Voici le sens moral qui peut y convenir :
La jeunesse se flatte, et croit tout obtenir ;
      La vieillesse est impitoyable.

---

1 – Raminagrobis est un vieux poète français que Rabelais met en scène dans le *Tiers Livre*. La Fontaine en fait ici un chat.
2 – Les trois Parques romaines, Nona, Decima et Morta – Clotho, Lachésis, Atropos les trois moires chez les Grecs – qui président au destin des humains, qui ont entre leurs mains le fil de l'existence.

Origine : Abstemius

Anecdote

Madame de La Sablière hébergea La Fontaine pendant vingt ans à partir de 1672, lui évitant tout souci matériel afin qu'il se consacre entièrement à ses créations. Un jour, Madame de La Sablière entra dans une si grande colère contre ses domestiques qu'elle les congédia tous. À l'un de ses amis, elle écrit : « Je n'ai gardé avec moi que mes trois animaux : mon chien, mon chat et La Fontaine »…

Le Cerf malade

En pays pleins de cerfs un Cerf tomba malade.
      Incontinent[1] maint camarade
Accourt à son grabat le voir, le secourir,
Le consoler du moins : multitude importune.
      « Eh ! Messieurs, laissez-moi mourir.
      Permettez qu'en forme commune
La Parque[2] m'expédie, et finissez vos pleurs. »
      Point du tout : les consolateurs
De ce triste devoir tout au long s'acquittèrent[3] ;
      Quand il plut à Dieu s'en allèrent.
      Ce ne fut pas sans boire un coup,
C'est-à-dire sans prendre un droit de pâturage.
Tout se mit à brouter les bois du voisinage.
La pitance[4] du Cerf en déchut[5] de beaucoup ;
      Il ne trouva plus rien à frire.
      D'un mal il tomba dans un pire,
      Et se vit réduit à la fin
      À jeûner et mourir de faim.
      Il en coûte à qui vous réclame[6],
      Médecins du corps et de l'âme !
      Ô temps ! ô mœurs ! J'ai beau crier,
      Tout le monde se fait payer.

1 – immédiatement, aussitôt.
2 – Atropos chez les Grecs, Morta chez les Romains, cette Parque dé-
cide de l'instant de la mort en coupant le fil de la vie.
3 – Les consolateurs s'acquittèrent tout au long de ce triste devoir,
ils se firent une obligation de demeurer longuement près du cerf
malade.
4 – la nourriture.
5 – en diminua.
6 – Ceux qui font appel à vous paient cher vos services.

Origine : Lokman

L'Amour et la Folie

Tout est mystère dans l'Amour,
Ses flèches, son carquois, son flambeau, son enfance[1].
Ce n'est pas l'ouvrage d'un jour
Que d'épuiser cette science.
Je ne prétends donc point tout expliquer ici.
Mon but est seulement de dire, à ma manière,
Comment l'aveugle que voici
(C'est un Dieu), comment, dis-je, il perdit la lumière ;
Quelle suite eut ce mal, qui peut-être est un bien ;
J'en fais juge un amant, et ne décide rien.

La Folie et l'Amour jouaient un jour ensemble.
Celui-ci n'était pas encor privé des yeux.
Une dispute vint : l'Amour veut qu'on assemble
Là-dessus le Conseil des Dieux.
L'autre n'eut pas la patience ;
Elle lui donne un coup si furieux,
Qu'il en perd la clarté des cieux.
Vénus en demande vengeance.
Femme et mère, il suffit pour juger de ses cris :
Les Dieux en furent étourdis,
Et Jupiter, et Némésis[2],
Et les juges d'Enfer, enfin toute la bande.

Elle représenta l'énormité du cas.
Son fils, sans un bâton, ne pouvait faire un pas :
Nulle peine n'était pour ce crime assez grande.
Le dommage devait être aussi réparé.
          Quand on eut bien considéré
L'intérêt du public, celui de la partie[3],
Le résultat enfin de la suprême cour
          Fut de condamner la Folie
          À servir de guide à l'Amour.

---

1 – sa représentation sous la forme d'un enfant.
2 – déesse de la vengeance.
3 – de celui, de celle qui avait porté plainte.

Origine : R.P. *Commire*

La Fontaine parisien

Le 13 avril 1695, La Fontaine meurt à l'Hôtel d'Hervart, rue Plâtrière.

Épitaphe de La Fontaine

La Fontaine avait écrit, en 1659 – déjà…–, son épitaphe.
Il la publia en 1671 :

Épitaphe d'un paresseux

Jean s'en alla comme il était venu,
Mangea le fonds avec le revenu,
Tint les trésors chose peu nécessaire ;
Quant à son temps, bien le sut dispenser :
Deux parts en fit, dont il soulait[1] passer
L'une à dormir et l'autre à ne rien faire.

---

1 – avait l'habitude de (du verbe *souler* en ancien français).

Index alphabétique des fables

A Amour et la Folie (L'), 157
Âne chargé d'éponges et l'Âne chargé de sel (L'), 43
Âne portant des reliques (L'), 82
Animaux malades de la peste (Les), 103

B Belette entrée dans un Grenier (La), 60

C Cerf malade (Le), 155
Cerf se voyant dans l'eau (Le), 93
Chartier embourbé (Le), 100
Chat, la Belette et le petit Lapin (Le), 116
Chatte métamorphosée en Femme (La), 50
Chêne et le Roseau (Le), 34
Cigale et la Fourmi (La), 17
Coche et la Mouche (Le), 109
Cochet, le Chat et le Souriceau (Le), 89
Colombe et la Fourmi (La), 48
Conseil tenu par les Rats, 37
Coq et le Renard (Le), 52
Corbeau et le Renard (Le), 19

D Deux Amis (Les), 124
Deux Coqs (Les), 114
Deux Pigeons (Les), 127

F Femmes et le secret (Les), 122

G Geai paré des plumes du Paon (Le), 69
Grenouille qui se veut faire aussi grosse que le Bœuf (La), 21
Grenouilles qui demandent un Roi (Les), 55

H Héron (Le), 107
Huître et les Plaideurs (L'), 135

L Laboureur et ses Enfants (Le), 79
Laitière et le Pot au lait (La), 111

Lièvre et la Tortue (Le), 95
Lion amoureux (Le), 63
Lion et le Moucheron (Le), 40
Lion et le Rat (Le), 46
Loup et l'Agneau (Le), 28
Loup et le Chien (Le), 23
Loup et les Bergers (Le), 141
Loup, la Chèvre et le Chevreau (Le), 71

M Milan et le Rossignol (Le), 137
Montagne qui accouche (La), 80
Mort et le Bûcheron (La), 30

O Ours et les deux Compagnons (L'), 83

P Parole de Socrate, 73
Perdrix et les Coqs (La), 144
Petit Poisson et le Pêcheur (Le), 77
Phébus et Borée, 87
Pot de terre et le Pot de fer (Le), 75
Poule aux œufs d'or (La), 81

R Rat de ville et le Rat des champs (Le), 26
Renard et la Cigogne (Le), 32
Renard et le Bouc (Le), 57
Renard et le Buste (Le), 70
Renard et les Raisins (Le), 59

S Savetier et le Financier (Le), 119
Singe et le Dauphin (Le), 66
Songe d'un habitant du Mogol (Le), 147
Statuaire et la Statue de Jupiter (Le), 132

T Tortue et les deux Canards (La), 139

V Vieillard et les trois jeunes Hommes (Le), 150
Vieux Chat et la jeune Souris (Le), 153
Villageois et le Serpent (Le), 98